Моему
другу
Лёне
Илизарову

Винокур Семен
Братьев своих ищи... / Семен Винокур – Laitman Kabbalah Publishers, 2023. – 240 с.

Vinikur Semion
Bratyev svoikh ischi... / Semion Vinikur – Laitman Kabbalah Publishers, 2023. – 240 pages.

ISBN 978-965-7577-74-5
DANACODE 760-119

Перед вами книга большого мастера –
талантливого кинорежиссера, писателя и каббалиста.
Книга о вечных вопросах, которые не дают покоя:
«Зачем я живу? Что разделяет нас и делает бесчувственными к чужим радостям и боли?
Как услышать другого? Как его ощутить?»
В ней собраны невымышленные рассказы о жизни, опасностях, потерях и творческих удачах, семье, друзьях и случайных знакомых, учениках и, конечно, об Учителе.
А еще о любви, которая над нами. Вокруг нас.
О законе любви, который держит этот мир.
Все новое начинается с вопроса. С предчувствия,
что есть в жизни нечто особенное и оно – близко...
Эта книга – для вас!

ISBN 978-965-7577-74-5
DANACODE 760-119

© Винокур С., 2023.
Copyright [c] 2023 by Laitman Kabbalah Publishers
1057 Steeles Avenue West, Suite 532
Toronto, ON M2R 3X1, Canada
All rights reserved

семён винокур

/ братьев своих ищи... /

сборник рассказов

2017

/ содержание /

/ несколько слов о себе /   6
/ братьев своих ищи /   8
/ машка, ошка и бомбежка /   15
/ цель /   23
/ талант /   26
/ про марика /   33
/ завод /   38
/ грустная история /   41
/ однажды во время войны /   47
/ первый стыд /   54
/ друг /   59
/ дружить - это не дрова рубить /   61
/ прорыв /   67
/ авария /   73
/ шма исраэль /   82
/ как бы так испугаться... /   89
/ я, коля, дождь, евреи /   95
/ жизнь, прожитая зря /   101
/ как я стал на колени /   107
/ райский сад /   113
/ мухаммед и тарковский /   117

/ бомж / 125
/ наш привет клавдии петровне / 130
/ то, что не сумел объяснить / 133
/ мой бурят / 138
/ обложили меня, обложи-и-или… / 142
/ как же нам стать такими / 148
/ война и мир. израиль / 152
/ чак норрис, бенни уркидес и я / 156
/ это не я / 162
/ открытое письмо сереже / 165
/ как хорошо, что ты пришла, сэнди / 170
/ подкуп / 178
/ молитва / 183
/ затерянный край / 187
/ улыбка / 192
/ аврал / 197
/ слово об ари / 201
/ а я говорю тебе, сынок…/ 204
/ жизнь и смерть / 208
/ об учителе / 212
/ надежда / 217
/ боль / 220
/ учитель. встреча / 225
/ любовь / 230
/ любовь (продолжение). о связи / 235

/ несколько слов о себе /

Меня зовут Семен Винокур. Я знал, что когда-нибудь займусь кино. В пять лет начал сочинять сценарии, при этом наблюдал за реакцией близких. То есть мне уже важен был зритель.
Школа, технический вуз, зачем-то. Работал мастером в цехе на Ижорском заводе, в конце месяца «закрывал» наряды, еле живой добирался домой и падал на руки жены.
Потом была армия. Архангельская область, наша часть в лесу, притирка друг к другу, снег по колено, туалеты на улице (то есть «очки»), и это в 40-градусный мороз…
И постоянный вопрос: «Для чего все это?.. Неужели так и пройдет жизнь?..».
Из армии я вышел что-то поняв. Многое пройдя. И к тому же старшиной. Снова завод, дважды поступал на Высшие сценарно-режиссерские курсы – самое престижное кинообучение. Поступил. Закончил… Когда мои сценарии приняли сразу на трех студиях, я получил фантастические деньги.
Начал снимать. Мне прочили небо в алмазах, меня хотели.
Моим кино-папой был Юрий Клепиков (потрясающий сценарист: «Пацаны», «Не болит голова у дятла», «Взлет»).
Моей киномамой – Фрижетта Гукасян, бывший главный редактор «Ленфильма» и редактор всех фильмов Германа, Арановича, Динары Асановой.
Я работал с лучшими режиссерами и сценаристами, и жизнь, казалось, получается…
Но решил уезжать в Израиль.

Нас лишили гражданства и разрешили взять с собой 500 долларов.
Все уже заработанные и предполагаемые в будущем деньги
я оставил, так и не насладившись первыми крупными
гонорарами. Ну, а потом их «сожгла павловская реформа».
Я, жена, сын и три чемодана приземлились в
Израиле 3 июля 1990 года в страшную жару.
Из Питера с Невой и набережными – в Ашдод, город,
построенный на песках. Началась новая жизнь.
Думал, что уж кино-то точно не буду заниматься, но через
два месяца начал снимать на центральном телевидении…
И потом пошло-поехало. Не просто.
Со слезами от усталости и ностальгии – первый год. Потом прошло.
Получил 12 международных призов как режиссер,
израильский «Оскар» – за лучший сценарий.
В сумме наснимал около 80-ти документальных фильмов,
по моим сценариям поставили 11 игровых фильмов…
В общем, прославился. И стал тут академиком
кино, и преподавателем…
Но оказалось, это – не самое главное.
Самое главное – я понял, для чего живу.
Об этом и пишу. Почитайте, если будет желание.

/ братьев своих ищи /

Шел 1964 год.
Мне было тогда семь лет.
Неделю назад я ударил мальчика по лицу.
Очень переживал, точно понял, что драться – это не моя природа.

И вот, когда чуть улеглось, родители
сообщают: приезжает дядя Илья.
Дядя Илья был легендарной личностью у нас в доме.
Сокурсник родителей (они вместе учились в
МЭИ), он исчез со второго курса.
Оказалось, что он – шпион.
Родители сначала боялись о нем говорить и даже думать.
Потом стали искать.
Получили сообщение, что он расстрелян.
И вдруг через пятнадцать лет из Мурманской области, из города Кандалакша, приходит письмо, что он жив и что будет через неделю.
Как же счастливы были мои любимые родители!
Как же они ждали его! Как готовились!

Однажды за завтраком мама сообщила, что дядя Илья за ней даже ухаживал. Да, представьте себе! Что он был красавец, блондин, метр девяносто пять, глаза – карие, глубокие, как лесные озера… Умница он был! Поэт!

Вот – мама показала фотографию – на ней с одной стороны
ее обнимал действительно красавец Илья, а с другой
стороны – мой папа. Худой, вихрастый и очень добрый.
– Но я папу ни на кого не променяю, – сказала
мама и положила голову ему на плечо.
– Наш Илюша ничего не боялся, – сказал мне папа. – Хотя это
неправильно, ничего не бояться… Вот что из этого вышло.

За день до его приезда начали активную подготовку.
В доме запахло фаршированным карпом,
жаркое домашнее подходило.
Оказалось, что у нас с дядей Ильей одни и те же вкусы.
В общем, было здорово, что он приезжает.

И вот оно – утро 18-го мая. Как сейчас помню.
Я просыпаюсь от голосов в передней…
Выбегаю.
Отец обнимает человека…
Мама, испуганная, стоит у стены.
Руку держит возле рта.
Папа отходит в сторону.
– Ну, вот он, наш Илюша, – говорит папа.

Стоит человек. Согнутый, словно горб у него под
пиджаком и одно плечо выше другого.
Глаза с пеленой какой-то и застывшей болью. Лицо в глубоких
оспинах, да еще шрам на шее… Стоит, смотрит на маму.
– Ну, что, Роза, – говорит, – не узнаешь? Это я…
– Илюша! – говорит мама. – Господи,
Илюша!.. Что они с тобой сделали?!
И шагает к нему навстречу. Как падает.
Так они и стоят, обнявшись.
А папа ходит вокруг, хлопает Илюшу по плечу и всхлипывает.
– А мы тебя искали, Илюша, подавали запросы повсюду…
Сказали, расстрелян… А ты – вот он, живой!

– А у нас твоя любимая рыба и жаркое, – говорит
мама, отстраняется, словно боится смотреть на дядю
Илью. – Ты жив, Илюша, а это самое главное.

Дядя Илья снимает куртку и тут видит меня.
– А это ваш сын?
– Наш Сеня, – говорит папа.

И я чувствую, как в меня упираются два глаза.
Взгляд дядя Илья не отводит.
Мне становится не по себе.
Я тихо прикрываю дверь и прижимаюсь к ней спиной.
Мне страшно... Я что-то прочитал в этом его взгляде...

Потом были у меня всякие дела, школа, а вечером
я пришел, когда все уже сидели за столом.
И я сел.
Вижу, дядя Илья не пьет, хоть папа ему и наливает.
Папа накупил всего – и коньяка, и шампанского.
Но дядя Илья не пьет...
– Ты не пьешь? – спрашивает папа. – А я помню, мы с тобой...
– Не надо вам, чтобы я пил, – говорит дядя Илья. – У меня
там началось... Никто объяснить не может. Когда выпью,
теряю контроль. Три раза находили голым на улице.
Ничего не помню. А у нас ведь не то, что
у вас, до минус сорока бывает.
Мама так тихонечко, хоп (!), и начинает убирать со стола бутылки.

А дядя Илья вдруг переводит взгляд на меня и говорит:
– У нас, там, если человек взгляд отводил, то
это значит – все, пиши пропало.
– Испугался? – спрашивает меня.
– Нет, – я вру, конечно. Попробуй тут не испугаться.
– Он у нас тут недавно дрался, – говорит папа.
– И мы сделали вывод, – добавляет мама, – что
это не для нас – драться. Да, сынок?!

Я не ответил и побежал во двор, потому что
не хотел продолжать эту тему.
А когда через час вернулся, меня отправили спать…

Ночью я встал в туалет…
Туалет был рядом с кухней.
Плетусь себе сонный по коридору, вдруг слышу – мамин голос…
Из-за приоткрытой двери кухни полоска света пробивается.
Заглянул я в щелку, они сидят там, вокруг стола…
Папа курит… Перед ним уже полная пепельница окурков.
Мама сидит напротив дяди Ильи и раскачивается.
– Ой, Илюша, как ты это вынес?! – спрашивает. – Как?!. Ну, как?!.
– Сам не знаю…
У дяди Ильи белый шрам на шее. Я только на него и смотрю.
– Просто стал таким же, как они, поэтому и вынес, –
говорит дядя Илья. – Изменился я очень, Роза.
– Не говори так!
– Через год я был уже, как они… Чужое горе меня не брало.
На слезы не реагировал. На просьбы – смеялся только…
– Как же так, Илюша?
– Надо было выживать, Роза… Меня ведь пригнали
туда… пушистого. Это меня чуть не погубило…
– Что? – тревожно спросила мама. – Что это значит?
– Женщин ведь в зоне нет, – ответил дядя Илья.
– Ой, Илюша! – снова простонала мама.
– Нашелся там один человек, – сказал дядя
Илья. – В самый последний момент. Когда я уже
умолять их перестал. Он их остановил.

И вдруг дядя Илья повернулся резко и спросил:
– Подслушиваешь?
Я отстранился. Но было поздно.
Мама вскочила, быстро открыла дверь.
– Ты все слышал? – спросила.
– Нет, я только что подошел.
– Он пять минут здесь стоит, – сказал дядя Илья, – подслушивает.
– Сеня…

– Я в туалет шел, – ответил я и покраснел.
– Ну, иди в туалет и сразу же спать! – сказала мама.
И уже по-другому добавила: «Иди, сынок!»
Я не мог заснуть долго…
Дядя Илья пугал меня.

Утро пришло неожиданно. Как всегда, я не был к нему готов, засунул будильник под подушку.
Всю школу мысли о дяде Илье не покидали меня.

Вечером прихожу домой, дядя Илья встречает меня у порога. Также в упор смотрит. И говорит:
– Я слышал, ты не можешь дать в морду?
«Ну вот, пожалуйста, – думаю, – я же просил родителей не говорить об этом никому! А особенно дяде Илье».
– Так можешь или нет? – спрашивает.
– Могу… – говорю.
– А ну-ка, дай мне! – говорит. И лицо подставляет, – Ну!
– Не хочу, – говорю.
Он вдруг толкает меня в грудь.
– А сейчас!
– Нет… Что вы толкаетесь?!
Он толкает еще сильнее, и я ударяюсь о стену.
– Почему вы толкаетесь?! – спрашиваю.
Он приближает ко мне свое лицо. Глаза эти…
А я уже чуть не плачу от страха…
– Дай! Ну?! – он шипит сквозь зубы.
– Я не могу!
– Дай! – выкрикивает.
– Я не могу! И не хочу! И не буду я!..
– Сопля ты! – и столько презрения в этих его словах.
Я не могу сдержаться, я плачу от унижения…
А он дышит мне в лицо.
– Значит, не можешь бить в морду. Не можешь?!
– Нет! – кричу я. – Не могу!.. И отстаньте вы все от меня.
Вырываюсь и бегу в свою комнату.
Я падаю головой в подушку.

Меня рвет на части – позор, обида на родителей, ненависть к этому дяде Илье.

И вдруг слышу, кто-то садится рядом на кровать. Он. Кто же еще?!
И рука его ложится мне на спину.
И он говорит:
– Слышишь? Эй, слышишь? Сеня?..
Я не отвечаю. Не хочу ему отвечать и все.
– Извини, – говорит.
Молчу. Потому что не извиню его никогда.
– Я знаю, что ты должен в жизни делать, – говорит дядя Илья.
Вот еще, откуда он это знает.
– Эй? Ну, повернись.
Он приподнимает меня легко, как подушку, и переворачивает.
Я сажусь на кровати. Но на него не смотрю. Делаю
вид, что разглядываю свой портфель у стола.
– Братьев ты должен искать… – говорит он.
– У меня нет братьев, – отвечаю сквозь зубы, – у меня сестра, Галя.
– Братья, они по сердцу. А не по родителям.
Я не понимаю, о чем он, но уже поворачиваю к нему лицо.
– Таких же, как ты, ищи, – говорит.
– Каких, таких? – спрашиваю.
– Кто не хочет другому зла. Понимаешь?
– Нет, – говорю.
– Ты хочешь, чтобы тебя унижали?!
– Не хочу…
– А другого унизить, хочешь?!
– Нет.
– Ударить другого?
– Не хочу никого бить.
– А обмануть?
– Нет…
– Смеяться над чьим-то горем?
– Не хочу я! Не хочу!
– А чтобы тебя любили, хочешь?
Я смотрю на дядю Илью. Я не узнаю его. И я говорю:
– Да.

– А чтобы ты любил?
– Хочу…
– Вот таких и ищи, – говорит он и кладет свою руку мне на плечо. Она совсем не тяжелая, его огромная рука. – Кто зла другому не хочет. Таких ищи. Они – твои братья. А от других убегай. Потому что они – твои враги.

Уезжал дядя Илья через два дня…
На прощание посмотрел на меня… и сказал очень и очень серьезно:
– Только помни, о чем мы говорили, хорошо?!
И извини, если что не так…

***

Дядя Илья погиб в Мурманске в 67-м году.
Мне было тогда десять лет.
Подробности я узнал, когда вырос.
Дядю Илью нашли голого на улице…
Версия была, что его раздели какие-то бандиты.
Но следов насилия на нем не было.
Но я-то знал, что произошло, – не сдержался дядя Илья.
Видно, причина тому была.
Не нашел он братьев своих.

А я нашел, благодаря ему.
За это вечная ему память и великое мое спасибо.

/ машка, ошка и бомбежка /

Мой друг Беня с женой Машей поселились в Ашдоде.
В России жили в коммуналке, здесь – на съеме.
Мечтали купить квартиру.
И вот купили.
Маша отличилась, по копеечке собирала. Десять лет никому дышать не давала. Десять лет они не были в отпуске, машину не меняли, детей не баловали. Экономили. И купили, все-таки. Четырехкомнатную, на восьмом этаже, – красота!

…И вдруг пришла война. И оказалось, что ракеты легко долетают и до Ашдода, а раньше все больше на границе падали.
Моя Нина тут же позвонила Машке и сказала: «Машка, дура, срочно приезжайте!»
Маша выла в трубку, сказала, что не оставит квартиру. А Беня с детьми пускай уезжают.

Тогда мы и решили к ним поехать.
Поддержать, побыть с ними денек, а там, глядишь, и забрать к себе.
Приехали. Ребята счастливы.
Не видели мы их, страшно сказать, лет восемь.
Беня остался таким же носатым, но поседел, Машка выглядела такой же курносой, но со смешными морщинками.
Старший их, Яша, давно упорхнул из дома, а двое поздних двойняшек стреляли на компьютере у себя в комнате, даже не вышли встретить.

– Потерянное поколение, – сказала о них Машка и провела экскурсию по дому.

– Тут будет стеллаж, до потолка, – говорит, – вот тут стол я присмотрела, из темного дерева, здесь мы паркет настелем, здесь я люстру повешу с фонариками. Эти стулья мы выкинем, а на балконе качалку поставим, будем пиво пить и качаться…

Потом вдруг рассказала, что Беня сделал ей подарок – очки за сумасшедшие деньги. Она их даже надевать боится. Вот он, подарок! Сбегала, принесла. В футляре лежали очки от Диора. (Моя вздохнула, я отвел глаза).
Купил их ей Беня за самоотверженный труд по покупке дома. Действительно, выложилась мать!
Сели. Селедка под шубой была полный атас, холодец без равных (теперь я на Нинку покосился). И славно катился разговор…
И представьте себе, не бомбили все это
время, дали посидеть-вспомнить.

Уже вечерело, внизу галдели дети.
Тут Машка и говорит: «Вот только одно горе, соседи, – пальцем показывает вниз. – Вы знаете, что такое эфиопские соседи?!»
Говорю: «Я знаю, они у меня лучшие студенты, очень талантливые ребята!»
– Ах, оставь! – машет рукой. – Ты еще не знаешь, что такое рядом жить! Когда галдят на своем птичьем языке, через стену слышно. Когда что-то свое варят, дышать невозможно! Что они там варят, хотела бы я посмотреть?! Не нашей они ментальности, – говорит, – они нас не понимают. И мы их не понимаем. И не поймем! Соседка, например, старуха, таскает на себе пятилетнюю дылду… Она не слезает с ее рук, такая, килограмм под двадцать… А говорят, они старых почитают… Ах, бросьте вы! Короче, залетели мы с соседями. Еще есть «тайманцы»[1], тоже семейка не ахти. И молодожены израильские. Откуда у них деньги?! В общем, залетели мы с соседями, залетели…

Я внутренне завелся, уж больно мне не нравился этот разговор.

---
1 Тайманцы, тайманим – йеменские евреи.

Но сдерживался. Я знал – Машка, она внутри добрая, просто есть у
нее ощущение, что покушаются на ее квартиру, вот она и бубнит.
В общем, мы не спорили, не возражали, мы выпивали.
И, конечно же, Беня, он знал, как это дело
прекратить, взял гитару, провел по струнам…

И тут начали бомбить.
Сирена оказалась поблизости. Прямо здесь, за окном.
Машка схватила двойняшек за шкирки,
по ходу – свои очки от Диора.
Беня вышел последний, герой!
Так мы оказались на лестничной площадке (указание было – до
отбоя оставаться на лестничных площадках).
Там уже ютились дети разных народов – «разноцветные» соседи
Маши.
Эфиопская семья – бабушка с двадцатикилограммовой внучкой на
руках, мама, папа и еще трое глазастых от 3 до 7 лет.
Тайманская семья вывезла дедушку на кресле-каталке, папа, мама и
еще четверо к ним жались.
И девушка, израильтянка, без мужа вышла.
Оказалось, он в армии вот уже неделю.

Первое мгновение старались не смешиваться.
Каждый о своих беспокоился, ну, это понятно.
Пока не услышали – бум-м-м!..
Что-то упало, где-то уж очень близко.
– О-ой! – сказал тайманский дедушка. Прозвучало совсем по-русски.
Завыло снова. И мы, как по команде, сблизились.
Мы, мужчины, громко дышали. Героически замыкали круг.
Тайманские и эфиопские дети тихо выли.
Бум-м-м! – упало теперь уже где-то совсем рядом.
И все начали смешиваться.
Я подхватил тайманскую чернушку. Она схватилась за мою бороду.
Тайманский папа поднял на руки одного эфиопского малыша и свою
дочку.
Они стукнулись лбами у него на руках.

Нина моя подхватила второго эфиопского малыша и
за руку взяла одну из Машкиных двойняшек.
Машка оказалась лицом к лицу, ну просто нос к носу, с эфиопской
«двадцатикилограммовой» малышкой. Та визжала на руках у
бабушки.
Я, грешным делом, подумал, что в чем-то Машка права.
Машка ей сначала поцокала. Ерунда все это! Потом руками перед
ней поводила. Эффекта никакого не дало.
При этом, видно было, что у эфиопской бабушки уже руки
отваливаются держать ее.
К папе она не шла, к маме на шла… Ухватилась за бабушку и все тут.
– Бабушка, да опустите вы ее на пол! – сказала Машка.
Бабушка только перебросила ее с руки на руку.
– Ну, почему, я не понимаю?! – Машка раздражалась и это, видно,
почувствовал не только я.
Эфиопская мама придвинулась к Маше и сказала: «Извините, она не
пойдет ни к кому. И на пол не пойдет».
Машка сказала: «Но она большая девочка, посмотрите, уже
руки отваливаются у вашей бабушки! Пускай походит немного,
попрыгает…»
– Не походит она, не попрыгает, – сказала мама.
– Я не понимаю, – сказала Машка. – Все ходят, посмотрите, а она не
походит, видите ли?!
– Она ходить не может, – сказала мама. – Вы что, не знаете?
– Как это так?!
– Она не ходит у меня, – сказала мама.
Мы с Ниной смотрели на ноги малышки.
– Она пятимесячной родилась, Ошрит, и у нее ноги отнялись еще
при рождении, – сказала мама. – Она у меня никогда не ходила… Так
получилось…
– Мы знаем, – сказала тайманская мама. – Это все на этаже знают.
– И я знаю, – сказала молодая израильтянка.
– И мы, – сказали двойняшки Машкины.
– А я почему нет? – спросила Машка. – Беня, ты знал?
– Знал, мама. Мы почему-то с тобой об этом не говорили, – ответил
Беня.
– Она только у бабушки на руках сидит, – добавила еще эфиопская

мама. – Иногда в коляске, но очень редко. К другим она не идет, потому что бабушка ее больше всех любит. Как-то так получилось. Потому что она ее больше всех жалеет. Она ее и кормит, они с ней и спят в одной комнате.
И тут Машка замолчала.
Она покраснела, Машка.
Она испугалась.
Я такой Машки никогда не видел.
Вдруг вся ее уверенность куда-то улетучилась…
Мы старались на нее не смотреть, чтобы дать ей очухаться.
– Все, можно расходиться, – сказал тайманский папа.

И сразу же завыла сирена.
Все вздрогнули.
А Машка вдруг протянула руки к малышке Ошрит и сказала ей: «Ну, иди ко мне, маленькая, иди!»
Клянусь вам, только сейчас я заметил, как они похожи.
Обе оказались курносые, обе глазастые, только цвет кожи разный.
Малышка обхватила бабушку и уже под сирену начала было плакать…
Как вдруг Машка вытащила диоровские очки свои…
– Смотри, какая у меня игрушка есть!
Выла сирена.
Разноцветная оправа была такая же, как косички у малышки.
Ошрит потянулась к очкам, перебралась к Машке на руки.
Начала вертеть их в руках. Надела их Машке на нос.
Потом себе на нос.
Ну, просто одно лицо с Машкой! – снова подумал я.
И тут тряхнуло так, как будто в здание попало.
Или Машка вздрогнула.
Или малышка.
Но очки полетели на пол.
И эфиопская бабушка успешно встала на них…
Хрясь! – это «хряснула» оправа.
Хрясь! – теперь уже стекла.
А Машка, словно и не слышала этого, стояла, прижав малышку к себе.

Выла сирена.
Там, в ногах, валялась дорогущая оправа, разбитая, раздавленная.
А Машке было неважно.
Ошрит прижималась к ней.
Вот, что было важно.
Я – не показатель, я человек сентиментальный, но и вся эфиопская семья смотрела на Машку, и соседи смотрели на Машку… И Нина моя, и Беня…
Мы все вокруг Машки склеились.
Прижались, как пингвины друг к другу.
Только слышу я, как Машка ей по-русски шепчет: «А мы не боимся!.. Мы с подругой моей, Ошрит!.. Можно я тебя буду Ошкой называть?..»
Та отвечает: «Да».
– Мы с моей подругой, Ошкой, ничего не боимся. Да?
И та кивает: «Да!».
«Что? Она понимает по-русски?! – думаю. – Как это она отвечает "да"?».

И тут же другая мысль: «Вот так бы и жить. Почему мы так не живем?!»
Ответ был мне известен. Но я все-таки подумал с тоской и надеждой: «Вот так бы и жить! Вот так, без различий, языков… Всем вместе».
Представьте себе, вокруг война, а мы стоим на лестничной площадке, словно склеенные, все обнявшись, и нам хорошо.
Парадокс!.. Постоянно воет сирена, где-то что-то грохает, а нам хорошо.
И больше того, каждый чувствует себя в безопасности.

Когда дали отбой, расходиться не хотели.
Еще топтались какое-то время, переглядывались.
А когда все-таки двинулись по квартирам, кивали друг другу, улыбались…
Бабушка стосковалась, потянула руки к внучке.
Я увидел, Машка не хочет ее отдавать. И Ошка не торопится к бабушке.

Но отдала. Поправила ей платьице, напоследок,
и зашагала, ни на кого не глядя, к себе.
Вошла в квартиру и закрылась у себя в комнате.
Беня шепнул нам: «Лучше всем молчать».
Двойняшки вдруг не сели за компьютер, а начали что-то вырезать.
Прошло, ну, может, минут тридцать, мы уже собирались ехать.
Стук в дверь.
Беня открывает.
Стоит вся эфиопская семья в дверях. И Ошка на руках у бабушки.
Машка выглядывает из комнаты и вдруг всхлипывает…
И тут только мы замечаем, что в руках у Ошки очки.
И она протягивает их Машке.
И мы видим – разноцветная оправа и стекла склеены прозрачным скотчем.
Машка подходит. Ошка надевает на нее очки.
– Это ее идея, – вдруг слышится голос эфиопской мамы. – Извините!
Мы вам купим такие же очки…
Машка явно ничего не видит. За туманным скотчем не видно глаз Машки, но мы знаем, она плачет, а это такая же редкость, как эта бомбежка.
Плачет Машка, плачет.
И тогда подходят двойняшки – «потерянное поколение» и «добивают» ее, свою маму.
Они передают Ошке то, что они там сооружали.
Оказывается, это город, красивый, вырезанный и склеенный из разноцветной бумаги. Как это они успели так быстро?! Они готовили подарок Ошке, эти «отмороженные» Машкины дети.

В этот вечер до поздней ночи мы пировали.
Мы праздновали общее новоселье. В Машкиной квартире. Кстати, она настояла! Мы и все соседи.

И никому не верьте: эфиопская кухня – это что-то редкое.
Я объелся «тыбс воттом» – говядиной жаренной с перцем.
Я чуть не задохнулся от соуса «чоу бербери».
Острее ничего не ел в жизни. И кофе их – самый лучший.
А тайманский суп?! Тайманский дедушка потребовал, чтобы все

его попробовали. И оказалось, что это он сам его варганит дома, на примусе.

С тех пор, я не пропускаю ни одного тайманского ресторанчика.
Ну и Машка, конечно, не оплошала мать!
Выдала все, на что способна.
Так сидели до двух ночи.
Сидели вокруг стола, на равных, и говорили.
И было нам всем о чем поговорить, и было нам всем понятно, что вот так за столом сидит семья… Семья!.. Разноцветная, разноголосая, поднявшаяся над всеми различиями, – поэтому и семья!
Тогда только и приходит оно – самое счастливое состояние покоя.

P. S. Кстати, Ошка заснула на руках у Машки.

/ цель /

Я преподаю в киноакадемии. У меня 50 студентов.
Мужчины, женщины – от 24-х до 40. То есть не дети уже.
Я их спрашиваю:
– Что вы хотите, для чего пришли?
Они:
– Стать профессионалами, сделать большое кино, победить на фестивалях…
Говорю им прямо, умышленно обостряю:
– Не цель артиста – стать большим артистом. Не цель режиссера – сделать большое кино и прославиться. Все это не цели.
Настоящая цель – это использовать свой талант, чтобы передать людям какую-то очень важную вещь, ну, например, что никуда нам, человечеству, не деться, придется рано или поздно выйти из своего одиночества и соединиться. О соединении говорить. Об объединении мира. Дать надежду. Талантливо показать это. Убедительно. Так, как может сказать только профессионал.
Чтобы услышали…
Что, если именно для этого стать большим артистом, режиссером?

Спрашиваю их… Они пока меня не слышат.
А на моем веку столько примеров сожженных ребят!
Когда амбиции и эгоизм сделали свое.
И талантливые ребята «умирали» от зависти на пути к успеху, от того, что не первый в титрах, от того, что не главная роль, от того, что талантлив, но никто этого не замечает…
Они выли бессонными ночами, пили, кололись,
чтобы забыться или сладостно страдать от несправедливости.
И все потому что выбрали себе не ту цель!

Поясняю, конечно, им, моим ученикам, что это – мое мнение, то, к чему я пришел в свои 54 года.

В конце 70-х я уже отслужил год в армии, был командиром отделения, сержантом, когда вдруг к нам в батарею прислали молоденького парнишку, рыжего, с детским лицом, – Яшу Степанова. Он оказался одним из ведущих артистов Ленинградского ТЮЗа.
ТЮЗ в это время гремел в Ленинграде.
Его режиссер Корогодский готовил своих артистов быть лучшими, сделать свой театр самым лучшим… И временно это удавалось.
И вот театр должен был ехать в Париж на гастроли, и Яша, конечно, с ним… Но что-то не сработало там, в верхах, в секторе идеологии, обком вовремя не подсуетился, и военкомат быстренько загреб Яшу и отправил к нам, в снега, в леса, к волкам, в Архангельскую область, в руки сержантов, которые рады были его погонять.
Так мы и встретились с ним.

Я – сержант, уже бывалый. Он искал во мне защиту от приказов, холода и «стариков». Мы часто говорили с ним об искусстве, он был восторженным, очень молодым, но его угнетали несвобода, наряды и бесправие.
Пытался я, как мог, помочь ему, даже на некоторое время пристроил в клуб – место элитарное. Но что-то у него там не пошло.
К счастью, армия его закончилась быстро.
Как-то я пришел мертвый после наряда, свалился на свою койку и сквозь сон услышал крик Яши:
– Товарищ сержант, я никогда вас не забуду!
Выяснилось, что за ним приехали.
Обком разобрался, Яшу отозвали и отправили на завершение службы… в Париж.
А потом и дальше, на гастроли по всему миру.

Я отслужил. Вернулся. Яша приглашал меня на спектакли.
Он «рвал подметки»! Он хотел сниматься, его начали брать в кино, он много играл в театре. Хотел, конечно, стать большим артистом, как и учил его Корогодский, и были у него для этого все данные.

В то время в ТЮЗе все были известные, особенные и погруженные в себя.

Но вот Корогодского посадили. Не стало «отца».
Театр без него начал потихоньку увядать.
Яша ходил по студии Ленфильма в поисках ролей…
Его меньше брали. Я помню, он снялся в фильме «Зеркало для героя» на Свердловской студии в роли танкиста с обожженным лицом. Его так загримировали, что я с трудом узнал его.
А потом еще и заменили его голос, продублировали кем-то.
До сих пор не понимаю, для чего это было сделано.
Это было ударом для Яши. Как сейчас помню, он кричал, согнувшись от боли, в полупустом коридоре студии:
– Суки, вы суки! Вы сначала забрали у меня
лицо, а потом лишили голоса!..
От крика вена у него на шее вздувалась так, что я боялся, что она вот-вот лопнет…

Потом я начал встречаться с ним каждый месяц возле ленфильмовской кассы.
Он брал в долг у всех, кто давал. Я тогда уже получал свои первые гонорары за «Крик о помощи» – первый мой фильм.
Знал, что он не отдаст, но было его жалко…
Где-то через год-два, не помню, его не стало.
Он прыгнул с 11-го этажа. Оставил письмо, но я его
не читал, только рассказывали мне, что писал он о
том, что не может так жить, измучен и одинок…

Так пришла к концу непутевая жизнь талантливого человека.
Цель была – стать большим артистом… Покорить мир…
В этом-то и вся трагедия.

/ талант /

В 1999 году приехал я в Питер на премьеру
моего фильма «Точка в сердце».
Потянуло меня в Колпино, там все-таки
приличный кусок жизни прошел.
Приехал, дом на Павловской узнал сразу, но никакой ностальгии не испытал.
На втором этаже, там, где мы жили, торчали в горшке засохшие цветы.
Дверь подъезда оказалась железной, под кодом, не войти.
Подумал:
– Не судьба, ну и не надо.
И тут слышу крик:
– Сеня!
Поворачиваюсь, Полина Борисовна.
– Полина Борисовна! – обнимаю ее… И ностальгия возвращается.
Наша соседка, одинокая учительница, которая в нас сразу
почувствовала своих, только мы въехали в этот дом, очень
состарившаяся Полина Борисовна, вытирала слезу, не отпускала
меня. И так голову прижала к моему плечу, прямо, как с фронта
встречала. Мы не виделись 9 лет.

И вот, сидим у нее в коммуналке, на стенах вместо обоев
фотографии выпускных классов, и говорим, и говорим…
И выясняется, что она уже 5 лет на пенсии, живет воспоминаниями,
потому что действительностью жить не хочется.
Что приходят ученики иногда, но очень иногда.
Что дочь ее уехала в Москву с мужем и не звонит…
– Не было у меня на нее времени совсем, – говорит Полина
Борисовна, – все время в школе, в школе… Пропустила дочку.

– А что Паша? – спрашиваю.
– Какой Паша? – отвечает, а сама смотрит куда-то в сторону.
– Ну, Ваш вундеркинд, Ваша гордость, который у Вас тут с утра до вечера пропадал. Вы ему еще котлеты делали вкусные, мне иногда перепадало...
– Ах, Паша?..
– Да, Паша, я его еще по Вашей просьбе на съемки брал. Что с ним?
– Он в порядке.
– Вы говорили, что он-то точно прославит школу и Вас, потому что он – талант.
– У меня к чаю есть сушки, ты, наверное, давно сушки не ел...
– Вы еще в пример его перед всем классом ставили, хотели, чтобы все такими были... Это он мне сам рассказывал.
– Он талант, да, – говорит Полина Борисовна и вдруг опускает глаза. – Но я не хочу о нем говорить, Сеня.
– Ну, не хотите, поменяем тему, – я уже волнуюсь, вижу, не тот вопрос задал...
– Он банк открыл.
– Ах, вот как!
– Да, он банк открыл большой и очень процветал.
– Все-таки прославился, как Вы и предполагали...
– И я тоже в его банк деньги положила. Он мне сказал: «Не волнуйтесь, Полина Борисовна, Вы же мне как мама».
И так лежали они... И я не волновалась... Все мои деньги.
– Так-так, – я уже начал понимать что-то.
– Только три месяца назад банк сгорел, – говорит Полина Борисовна. – Обанкротился.
– Деньги вернул? – спросил я и, наверно, слишком резко спросил.
– Нет, – тихо отвечает.
– Но вернет? – спрашиваю.
– Не знаю.
– А он что говорит?
– Он говорит, что все деньги сгорели.
– Все?
– Все, до копейки.
– Вы давно с ним говорили?
– Неделю назад, мне как раз пенсию задержали...

– У Вас есть его телефон?
– Не надо, Сеня, это все равно ничего не даст.
– Дайте мне его телефон, пожалуйста, я просто с ним поговорю…
– Он мне все объяснил…
– Я хочу с ним поговорить, Полина Борисовна, не волнуйтесь, все будет пристойно.
– Нет, Сеня, ну о чем мы говорим?! Мы, может быть, с тобой в последний раз встречаемся, а о чем говорим?!
– Я Вас очень прошу, Полина Борисовна, дайте мне его телефон. Ну, что я ему сделаю, я ведь израильский гражданин, я для него не угроза.

Она встала, взяла с полки надорванную телефонную книгу и показала мне телефон.
Я сказал: «Он со мной говорить не будет, попросите Вы его к телефону».
Она позвонила. Ответила секретарша. Тут же соединила с Павлом Константиновичем.
– Скажите, что просите Вас принять, – шепнул я.
Она сказала.
И Паша на удивление быстро согласился. Даже спросил ее о здоровье.
Она положила трубку и сказала с надеждой:
– Мне кажется, Сеня, он хороший человек. Он так со мной сейчас говорил, что мне кажется, он мне деньги вернет…

Назавтра в 11:00 мы были у стеклянных дверей зеркального здания. По вывеске это уже не был банк, это было финансовое управление.
Поднялись на восьмой этаж, прошли по стеклянным полам, я впервые такое видел – под стеклом плавали рыбки.
Перед нами открыли двери, нас усадили, угостили, не заставили ждать.
Он появился.
Он полысел, но взгляд был такой же, по-детски открытый.
Он даже обнял и Полину Борисовну, и меня. Сказал:
– Я очень рад, что Вы приехали, Семен Матвеевич.
Потом сел и произнес очень тепло:

– Слушаю Вас внимательно.
Я сказал сразу:
– Здесь какое-то недоразумение, Паша.
Клянусь вам, я был уверен, что, выслушав меня, он ответит: «Конечно же, меня неправильно поняли, я верну все деньги…». Вернее, мне так хотелось, чтобы он ответил!
Но после моего пояснения, он сказал:
– Банк обанкротился. Такое бывает.
– Но деньги ты вернешь? – спрашиваю.
– Ну, как же я их верну? – говорит. – Полина Борисовна, дорогая моя, я же Вам все объяснил…
И вдруг Полина Борисовна встает и говорит:
– Извини, Паша, – и столько смущения в голосе. – Это Сеня приехал, он подумал… Мы пойдем…

Откуда это в нас, ну, откуда?! Это я уже сейчас по ходу написания истории разогреваюсь. Ну, откуда эта покорность перед таким откровенным, не прикрытым бандитизмом… Откуда?!
Я увидел ее, испуганную, одинокую, такую беззащитную перед всем этим. И сказал ей: «На секундочку, Полина Борисовна», – и потихоньку вывел ее из комнаты.
Повернулся к Паше, а он смотрит на меня, словно не понимает, в чем дело.
Я ему говорю:
– Она же тебе все свои сбережения отдала.
Он мне:
– Банк сегодня – это очень рискованное дело.
Я ему:
– Ты знаешь, какая у нее пенсия?
– Увы-увы, – говорит.
– Ты же настоящий бандит, – говорю.
– Не советую, – говорит, – у меня охрана не любит евреев.
– Отдай ей деньги.
– Не могу.
– Отдай. Что тебе эти ее деньги? У вас тут рыбы под полом плавают, – сказал я. И вдруг у меня мелькнула мысль, я понял, как с ним надо говорить.

– Дай по-черному, – говорю.
– Нельзя.
– Никто не узнает.
– Узнают.
– Но она же с голода умрет.
– Меня бесполезно брать на жалость…
– Паша, ты что с ума сошел?! Ты же для нее, как сын был! Ты же у нее с утра до вечера котлеты ел! Такого не может быть, Паша…

Я действительно не понимал, клянусь, у меня не вмещалось ни в башке, ни в сердце, что он, Паша, может так отнестись к Полине Борисовне.
Все было не логично. Он же денежный мешок, это видно сразу, что ему стоит отдать деньги своей учительнице, это ведь копейки для него!
Но он был несгибаем. Смотрел на меня с очень мягкой ухмылкой и хлопал глазами.
Я развел руками.
– Ты подонок, Паша, – сказал я.
Тогда он встал и вежливо ответил:
– Наш разговор закончен, Семен Матвеевич, Вы можете возвращаться в свой Израиль. Давно хотел Вам сказать, что Ваше отношение к арабским гражданам просто возмутительно. Пытаетесь взывать к совести, а сами?! Всего Вам хорошего!

Я вышел из здания.
Понимая, что все было зря.
Выпрямился, боялся, что меня таким увидит Полина Борисовна.
Но она ждала меня через дорогу, на скамейке, у автобусной остановки.
И на счастье, не смотрела в мою сторону, а задумчиво разглядывала свои руки.
Было все, как в кино: ветрено, пустынно, скрипели деревья, и летела над асфальтом пыль и всякий мусор.

Полина Борисовна казалась мне еще более одинокой.
Я подошел, улыбнулся.

Она меня ни о чем не спрашивала.
И я ничего не говорил.

Вечером друзья собирались в Доме кино, я не пошел,
позвонил, что не смогу прийти, они страшно удивились.
Но я ведь уезжал назавтра, не мог оставить Полину Борисовну одну
в этот вечер.
И мы очень хорошо поговорили!
Я рассказал ей, что учу каббалу.
Сказал, что именно этим каббала и занимается – строит
отношения между людьми. Чтобы оставались Людьми в
любых обстоятельствах. Она слушала меня внимательно.
Я рассказал ей о своих друзьях, о том, что счастлив.
Она очень радовалась.
Вспомнили былые денечки. Я принес шоколадный ликер, знал, она
любит. Выпили чуть. А потом она говорит:
– Не так мне надо было жить, Сеня.
– Давайте о прошлом не говорить, Полина Борисовна, все, что было,
было правильно.
– Нет, неправильно, – отвечает. – Ведь я помню, как разминала
им мозги, чтобы были уверены в себе, чтобы в любой ВУЗ
могли поступить. И действительно, о них всегда говорили:
«Это ученики Полины Борисовны, они все образованные».
– Но это неправильно, Сеня, – она говорила тихо, но очень внятно. –
Это неправильно. Потому что все должно ложиться на доброе
сердце, а не на развитые мозги, ты понимаешь. Это не потому, что он
со мной так поступил, я не о себе, Сеня.
– Понимаю, – сказал я, – очень хорошо Вас понимаю.
– А я не думала так. И сама ими гордилась, и собой тоже гордилась,
чего скрывать. Математиков растила. Вот они и выросли…
математиками.
Полина Борисовна замолчала, потом сказала:
– У него ведь, Сеня, сердце каменное.
И добавила:
– Их ведь, Сеня, миллионы таких!.. И это мы их такими вырастили.

Что я ей мог сказать?! Что полностью с ней согласен?! Что прежде

всего – воспитай Человека, а уж потом вкладывай в него все, что хочешь. Но в Человека! Понимающего, что мы не можем быть волками друг другу… Понимающего, что именно Любовь правит миром, но не любовь к себе.
Я кивал головой, слушал и молчал.
Не хотел подливать масла в огонь.
Подливал ликера.

В этот вечер Полина Борисовна была грустна.
Не удалось мне вывести ее из этого состояния, как ни старался.
Для нее это был, словно вечер судного дня.
Я понимал, что она должна выговориться.
Потом пошли прогуляться…
Когда выходили, я ненароком оставил на столе 500 долларов, то, что у меня было… Знал, что она не возьмет, если открыто предложить, решил ее обмануть.

Назавтра я улетал.
Уже проходил контроль, как вдруг появилась она.
Подбежала ко мне, обняла и вернула деньги.
Сказала: «Этого не делай больше, мой дорогой Сеня.
И Нине передай мой самый теплый привет. Живите там с миром».
Мы поцеловались, и я ушел.

Мы потом несколько раз говорили по телефону.
Просил моих друзей в Питере помогать ей.
Они мне честно отзванивали и сообщали, что от денег она категорически отказывается. Максимум на что соглашалась, чтобы завозили ей продукты. Но деньги отдавала сразу.
Где-то через два года ее дом расселили. Какой-то очередной «математик» сделал из этого дома офис. Правда, в обмен она получила отдельную квартирку, была довольна.

Да, самое интересное, она мне сказала, что через неделю Паша вернул ей деньги.
Сегодня я думаю, что она сказала так, чтобы меня успокоить.
Но выяснить уже не у кого.

/ про марика /

Я как раз пришел проведать Юру Козина.
И попал на забастовку врачей.
По опустевшему отделению онкологии ходил один единственный врач.
Юра Козин, мой друг, с диагнозом – рак толстой кишки, сказал мне:
– Все ушли, один Марик остался.
Я взорвался, не смог сдержаться. Я сказал:
– Юра, они давали клятву Гиппократа, что все отдадут людям!..
Ну, и как можно вот так, уйти, оставить больных…
Марик как раз проходил мимо.
Я сказал:
– Здравствуйте, Марик, я режиссер, я негодую!… У вас тут такое безобразие творится!..
Он спросил:
– Вы больны?
– Нет, я пришел проведать друга, Юру Козина.
Он указал на меня пальцем и сказал Юре:
– Юра, развлеки своего товарища, у него что-то настроение не очень.
– У меня?! – возмутился я.
Но Марик уже шел дальше…
Юра сказал:
– Я тебе песню спою, ее наш Марик сочинил. Только ты делай: «Умп-умп-умп-умп…», потому что мне Лилька гитару до сих пор не принесла.
– Юра, кто из нас больной? – спросил я.
Но он уже запел песню.
Это была песня про веселых онкологических больных.

И я, деваться было некуда, поддержал его своим «умп-умп-умп...».

Вдруг начали подтягиваться больные.
Подтягивались те, кто на ногах мог стоять.
И те, которые уже после пятнадцатой химии, и те, кто уже внешне не жилец, и те, кто еще полны надежд, хотя и опухоль не хорошая.
Пришло человек пятнадцать.
Отделение оказалось не старое, на удивление.
Пели на русском, а израильтяне и арабы подпевали.
Общая мысль песни была «Нам не страшен серый волк!».
Музыка – «У самовара я и моя Маша».
Пели задиристо, заводились во время пения.
Прямо «хор Пятницкого» образовался.

Происходило что-то обратное нашему обычному представлению об онкологических больных.

Ни стонов, ни проклятий, ни сожалений, ни завещаний…
Глаза горят, все плохое забыто, песня льется, настроение прекрасное…
После этой была еще одна песня.
А потом Марик сказал:
– Мы не дадим болезни нас взять, нет. Рак не любит, когда люди о нем забывают. Он хочет, чтобы мы только о нем и помнили. А мы о нем забыли. Забыли!
– Забыли, – подхватили все.
– Он нам хочет о себе напомнить, а мы не помним о нем!
– Не помним!
– Мы помогаем друг другу – это для него вообще смерть! – выкрикнул Марик.
– Да чтоб он сдох, проклятый! – ответили ему.
– Мы песни поем! – Марик взмахнул рукой.
– Мы поем, да!

Я стоял пораженный.
Я завидовал им.

Их сопротивлению. Их единению, которое происходило на моих глазах в онкологическом отделении больницы.
«Надо "неизлечимо" заболеть, – подумал, – чтобы понять, что такое настоящая жизнь».
Рядом со мной стояла команда людей, не склонившаяся перед самой страшной болезнью.
Секрет жизни для них был прост – не думать о себе.
Они еще выкрикивали разные фразы: «Он не возьмет нас!», «На, выкуси!», подбадривали друг друга, а я искал глазами Марика. Он куда-то исчез.
Увидел его у двери, за спинами всех, он тихо стоял в стороне и смотрел на них, как-то по-особому. Помню-помню, было у меня такое ощущение.

Я еще где-то часа два пробыл здесь. Не хотел уходить, хотел все прочувствовать, мне так хорошо было в этом онкологическом отделении.
Что я увидел?!
Увидел, как люди поддерживали друг друга, в прямом смысле, вот так, под руки.
Заговаривали с тем, кому вдруг вспомнилось, где он и что с ним.
Сочиняли на ходу новые песни. Вместе, не перебивая друг друга.
Радуясь находкам и рифмам.
Играли в какую-то веселую игру на постели больного, который, похоже, уже не поднимался.
В одной из палат читалась лекция, – вы не поверите! – о советском кинематографе 60-х годов с показом «Баллады о солдате» и субтитрами на иврите.
Лектором был профессор, историк кино, коренной израильтянин, знаток режиссера Чухрая.
Тоже больной. Но выглядел орлом!

Сейчас понимаю, не просто был выбран этот фильм, была в том направляющая рука Марика. Плакали люди не от печали, а от этой чистоты. Помните, как едет парень проведать маму свою, дали ему несколько дней отпуска во время войны, едет, везет ей подарки, а по пути раздает эти подарки людям… Только, чтобы поддержать их…

Я поразился, как все смотрели фильм, с
какой любовью!.. Как переживали!
Конечно, не все участвовали в этом эксперименте Марика.
Но большинство. О них пишу.
Сам Марик то появлялся, то исчезал, постоит,
посмотрит, задумчиво так, тихо… Потом зовут его
куда-то, исчезает… И снова появляется…

Так пролетели два часа. Уходить из больницы не хотелось.
И надо было не уходить, остаться, но, как всегда,
победила ерунда. Что завтра на работу, что я что-то
там снимаю, что надо подготовиться к съемкам…
Спросите меня, что я снимал, не отвечу… Спросите,
куда я так торопился, – не вспомню…

Куда я так торопился?! Ну, куда-а?!

***

Не буду лгать, эта история имеет несколько окончаний.
Первое – удивительное.
Мой Юра выздоровел.
И многие из тех, кого я тогда видел, тоже выздоровели.
Эксперимент Марика оказался поразительным.
Больные онкологического отделения выписались с диагнозом:
«Нет у вас никакого рака!»
Марику следовало бы дать Нобелевскую премию…
Если бы не второе неожиданное окончание этой истории…

Марик умер.
Да-да, оказалось, что именно он и был по-настоящему болен.
У него был рак крови, но никто, ни одни человек, включая его самых
близких, жены и детей, – никто об этом не знал.
Он знал. Но он так растворился в них во всех, так сумел
забыть о себе, живя только ими, что умирал красиво.
Спокойно, весело, не чувствуя боли, или, делая вид, что не
чувствует боли, не подчиняясь болезни до последнего мгновения.

…Вспоминаю, сидели мы потом с Юрой Козиным, говорили о Марике. И Юра мне вдруг сказал:
– Ты даже не представляешь, что он сделал. Он заразил нас жизнью. Той жизнью, какой он жил! Я, с одной стороны, понимаю, что так жить невозможно, а с другой стороны, уверен, что только так и надо жить! Парадокс, а?!

Я тогда подумал, научиться бы так жить… Кто научит?! Вероятно, это было моей молитвой.
Учусь.

/ завод /

Мне 21 год, я молодой специалист. Распределен на Ижорский завод – гигант тяжелой индустрии, флагман, 30 тысяч работников, 120 цехов.

Как я волновался перед первым рабочим днем!
Сестра выгладила мне одежду (я тогда жил у нее), начистила ботинки, галстук я решил не надевать, завернула с собой пару бутербродов и сказала:
– Как себя поставишь в первый день, так все и будет.
Перед зеркалом я отрепетировал вступительную речь и уже видел себя, как говорю с рабочими – чуть свысока, но в то же время по-братски, – это любят. Потом прохожу по участку, знакомлюсь, демократично жму руку каждому, с такой полуулыбкой…
Потом показываю, конечно, что я специалист, разбираю с ними чертежи. Ну, и пошло-поехало…
С этими мыслями я, молодой мастер, появился в 4-м цехе Ижорского завода вечером, во вторую смену.
Мне было оставлено задание, что надо сделать за смену, я его внимательно просмотрел и спустился на участок.

Станки молчали. Вот-вот должна была начаться смена. Это был день получки.

Десять минут проходит – на участке никого. Двадцать минут – никого. Полчаса! Никого!.. Станки молчат. Тишина гробовая.
Я уж, грешным делом, подумал, может, время перепутал или цех…
Вдруг вижу в конце пролета, на улице, между ящиками, сверкнул огонек. Осторожно иду туда. И что же?..
Стоит человек двадцать работяг, перед ними на ящиках штук двадцать портвейна, и так вот, в тишине, употребляют.

И вдруг они все, как по команде, поворачивают ко мне головы.
И смотрят. И молчат. Ни улыбки, ни привета, глаза недобрые.
Чувствую, помешал.
Через полминуты произношу заученную дома фразу:
– Здравствуйте, я новый мастер цеха, давайте будем знакомиться...
В ответ молчание.
Ну, я тогда говорю не заученное заранее, а очень жалобно, как-то само собой вышло:
– Ребята, мне много задания оставили, может быть, пойдем в цех, это мой первый день...
Молчат! Неприветливо смотрят. И пауза затягивается.
Я не знаю, что делать, но отступать некуда.
И глазами нахожу того, кто как-то иначе,
чем все другие, на меня смотрит.
И уже только ему начинаю объяснять: «Я вас очень прошу,
ну, давайте пойдем, я вас очень прошу, ну очень».
Это все выглядит жалко. Я прямо весь вытягиваюсь навстречу,
только бы услышал.
Пауза... Но, похоже, он меня слышит.
Потом медленно оглядывает всех и говорит:
– Ну, ладно, пошли...
И первым трогается с места...
Они действительно идут за ним. Действительно начинают
работать. А я стою за спиной этого рабочего, боюсь от
него отойти, он для меня сейчас, как мать и отец, – и
безопасность, и тепло. Благодарю его, извиняюсь...

...Но только через пару недель он начинает со мной разговаривать.
После проверки, которую они мне устроили. И мы становимся
друзьями с ним, а потом и со всеми ребятами на участке.
Они оказываются не волками, а простыми, очень хорошими
людьми. И в день получки мы уже выпиваем вместе.

Как часто у меня так в жизни было, когда в минуты
полного непонимания и отчаяния вдруг находились
глаза, которые смотрели в мои глаза, сердце,
которое открывалось навстречу моему.

И становилось понятно, что только это и надо человеку, что все наши проблемы в том, что порвана связь между нами. И так хочется ее найти!

/ грустная история /

Мне было 26 лет. А я уже работал старшим диспетчером Ижорского завода.
Помню свое впечатление, когда впервые попал в диспетчерскую. Это был шок.
Представьте себе, передо мной пульт, на нем 120 горящих кнопок, за каждой кнопкой – цех, а в цехе лихой диспетчер.
Есть диспетчеры, для которых я – Семен Матвеевич, для других – Сеня, для третьих – «товарищ старший диспетчер». Ведь без меня цех премию не получит.

Вся готовая продукция должна быть отгружена из цехов до 18:00. Задача диспетчера – сделать это и доложить. Но чтобы выполнить ее, надо, по меньшей мере, иметь эту продукцию. И даже если она готова, надо чтобы грузчики не запили прежде, чем погрузили ее. А это дело почти невозможное.
Вот и крутятся несчастные диспетчеры между мной и грузчиками.

Это мое дежурство выпало на конец месяца. К вечеру я уже кипел.
Не будь рядом Анастасии Ивановны (точно не помню, как ее звали, пусть будет так), я бы не выдержал.
Анастасия Ивановна работала у меня вторым диспетчером.
Ее боялись все без исключения.
Если ей кто-то что-то обещал и не выполнял, этот человек мог больше не звонить и не появляться.
Никогда. Он для нее просто уже не существовал.
Цветы и конфеты она выбрасывала в окно.

Более дорогие подарки могли разбиться на голове этого человека,
поэтому знали, что ничего тяжелого ей дарить нельзя.
Но, с другой стороны, если уж она что-то пообещала, то
можно быть спокойным, – будет сделано точно в срок.
Ну, так вот, ей было где-то под 65. Тогда она мне казалась
старушкой, уже давно на пенсии, но на которую она и не думала
уходить, всегда причесанная, деловитая, молодящаяся.

…В ту смену мы с ней на пару «рвали и метали».
К середине ночи отпустило… Почти всю продукцию
умудрились сдать, вывезти за территорию завода.
Уже оставались только редкие звонки.
Выхожу покурить (тогда за 12 часов я выкуривал
по полторы пачки устьманской «Примы»).
Покурил, возвращаюсь… Сидит она ко мне спиной и что-то листает.

Тихо заглянул ей через плечо, вижу, что листает она альбом
фотографий. И там она молоденькая такая, красавица, с открытой
улыбкой. Вижу, обнимает ее парень в кепочке, с сигареткой
в углу рта, в коричневом пальто с острыми плечами.
Она ему головку положила на плечо… хорошо
так… Повеяло на меня временем моих родителей,
любил я их снимки перебирать когда-то.

А вот уже другая фотография. Стоят трое, похоже, на
Алтае. Двое мужчин держат ее под руки. Она так же
лихо им улыбается, а они оба с нее глаз не сводят…
Это я все подглядываю. Она же сама не показывает.
Тут отвлек меня звонок. Отвечаю я…

И вдруг слышу какой-то звук, знакомый, резкий.
Оборачиваюсь и вижу… она рвет фотографии.
Со спины ее вижу… Резкое движение рукой – раз. И все!
Встаю, делаю к ней шаг… И в это же время вижу, как выхватывает
фотографию, где она с молодым парнем этим… И – напополам.
Прямо по себе и по парню этому рвет. По улыбке своей, по его
взгляду. Потом, раз – раз!.. еще напополам рвет… на четыре части.

Пока думаю, что сказать, рвет она и другой снимок,
тот, что с ребятами в нее влюбленными.
Раз!.. И уже никто на нее не смотрит.

Летят обрывки вниз, в корзину.
И вот уже другая фотография, где она – маленькая девочка
с косичками, а за ней папа и мама. Тридцатые годы…
Удивительно красивые люди. Но, раз! – и нету их.
И тут я не выдерживаю.
– Анастасия Ивановна, – говорю.
Она даже не реагирует.
Я знаю, остановить ее невозможно… Но все-таки пытаюсь.
– Что Вы делаете?
– Не твое дело, – отвечает, не оборачивается.
– Анастасия Ивановна, Вы что?! Это же Ваша жизнь…
Рвет. Молча рвет.
Еще одна фотография, великолепная, свадебная, летит
в корзину, забитую обрывками фотобумаги.
И тут я делаю шаг к ней и пытаюсь остановить. Беру ее за руку…
А она руку отдергивает и бросает на меня такой взгляд… Взгляд,
от которого холодели все начальники смен. Да и не только они.
– Ты что? – говорит.
– А Вы что? Ну, понимаю, настроение, понимаю,
сердитесь, может быть… Но это ведь Ваша жизнь…
Она так молча на меня смотрит, глаза прищурены, губы сжаты.
Спасло меня, что был я ее любимчиком,
самым молодым диспетчером.
– А зачем мне они? – спрашивает.
– Как зачем?! – говорю, – Анастасия Ивановна…
Ну, не Вам, так Вашим детям.
– У меня нет детей.
– Родственникам…
– И родственников.
– Ну, друзьям…
– И друзей.
Тут я не знаю, что ответить.
– Такого быть не может, – говорю, – чтобы никого не было.

– Никого нет.
– Умерли? – спрашиваю тихо.
– И не было, – добавляет.
– Ну, я же видел, – говорю и киваю на корзину, полную обрывок фотографий. – Вы же с кем-то там сняты.
– С мужьями своими.
– А где они?
– Нет их.
– Ушли?
– От меня никто не уходил, я от всех уходила.
Тут мне сказать нечего… Это-то я понимаю.
А она уже сама продолжает:
– Вот эти, – кивает на корзину, – двое… С одним на Алтае вместе строили дорогу, влюбились. Он молил меня с ним уехать к его матери на Украину. А мне было хорошо на Алтае. Держала его там и не видела, что тоскует, начал он пить. Я сказала ему, что не терплю пьяных рядом с собой. Сказала раз, два… – не понял. Тогда я взяла вещички и фьюить… Как и не было ничего. Он и так, и сяк, он за мной. Ночью воет под окнами, а я девчонкам говорю: «Окна закройте!» Он ко мне на работу, а я ему: «Иван Алексеич, у нас с вами все кончено». Он спился совсем…
Потом, слышала, уехал к своей маме на
Украину и пропал из моей жизни.
Второй, Митя, был инженером у нас на автобазе. Я уже диспетчером работала. Очень хотел детей. А я – нет. Мне все время казалось, что еще столько жизни впереди и все тянула, пока не залетела. Он был счастлив! А для меня – траур. Он меня на коленях умолял оставить ребенка. Говорил, что сам его и кормить будет, и ходить за ним. А я жила, как хотела. Не говорила ему ничего, пошла и сделала аборт… Ну, кто тогда аборты делал на Алтае?! В общем, не получилось чисто… Вырезали мне все женское тогда. Помню, как пришла домой, сказала ему прямо, не тянула, пусть сразу знает. А он смотрит на меня, как ребенок, и говорит: «Настя… Настенька…», растерянный весь. А я ему еще добавляю, что не будет у меня больше детей… Никогда. Убила его, в общем…

Помню его той ночью. Проснулась я часа в три. И вижу,
сидит он на стульчике – скорчился, как жучок... Сидит
с закрытыми глазами и мокрые салфетки на столе.
В общем, поняла я, что и с ним не будет мне счастья. И от него ушла.
Не то, чтобы было мне больно, не то, чтобы трагедия какая-то, –
нет. Даже легче стало. Проще. Не будет детей и не надо.
Кто меня полюбит, тот полюбит меня, а не будущих детей.
Было еще два мужа. Я не церемонилась, рвала спокойно.
Жила, как жила... На работе уважали. Дома сама себе хозяйка:
хочу – телевизор смотрю, хочу – вино пью, хочу – живу, с кем хочу.
Так и осталась... одна. На всем свете. Никому
не нужная. Да и мне никто не нужен.

Тут Анастасия Ивановна посмотрела на меня как-то
по-другому. И сказала вдруг, тихо, даже душевно: «Ну и
кому нужны будут эти фотографии, когда я умру...»

Никогда не видел я ее такой, никогда.
А она кивнула головой, вытащила еще пачку снимков и начала рвать.
С каждой порванной фотографией во мне что-то рвалось тоже...
Отдавалось болью, будто это мои родители «летят в корзину».
Я вдруг сказал: «Анастасия Ивановна, а дайте мне их!»
Остановилась...
– Не могу, когда вот так рвут.
Тогда она посмотрела на меня очень пристально. И говорит:
– Вот, второй у меня такой же был, с тонкой кишкой. Чуть что –
в слезы... Не нужны тебе эти снимки. Зачем тебе моя жизнь...
Никому она не пример... Вчера сидела, смотрела «Огонек» по
телевизору и вдруг подумала, что вот так и жила, как последняя
сучка... Никому никакого счастья не принесла... только горе.
Ничем себя не обременяла. Чуть что: прощай! И вот сижу одна,
ни родных, ни друзей. Одна... И это мой жизненный итог?!
А потом думаю: если никому от меня тепла не было... Почему
же мне что-то должно быть? Если никого не согрела, никому не
помогла, так и умру... одна. Ну, а если так, то не хочу никаких
следов оставлять. Пусть будет так, будто и не было меня вообще.

Я почувствовал, мне надо срочно что-то сказать. И сказал:
– Вы мне очень помогаете, – сказал я ей. – Почему говорите, что никому не помогли. Мне Вы очень помогаете! Я Вас очень уважаю, Анастасия Ивановна. Когда Вы со мной в смене, мне так спокойно…
– Ты молодой совсем, – говорит, – птенец. Я ведь никого не замечаю, ну, ты, ну, Серега… – это она о нашем начальнике говорила, о Сергее Романовиче Бекеневе. – И то, потому что вы мои начальники. А других я в упор не вижу. Видно, отшибло у меня что-то в детстве. Дали мне только себя видеть. Вот так и профукала жизнь всю…
Увидел я, как взгляд ее ушел куда-то туда, за окно.
– Нечего меня жалеть, – сказала она очень
ясно. – Я ведь никого не жалела.
Повернулась, давая понять, что разговор
окончен, и дорвала весь свой альбом.
Вот так, на моих глазах, и ушла целая жизнь. Будто ее и не было.
Потом я долго думал о ее словах. Как она сказала: «Никому не шла на помощь… никого не согрела… Вот так и умру...»
Я думал, неужели нужно жизнь положить, чтобы понять, что нельзя человеку одному. Что не может человек никого не любить. Ни о ком не заботиться. Не может он жить для себя и быть счастливым, ну, не может!..

***

Я уехал в Израиль в 90-м, она еще была жива…
Приехал в 95-м в свой город, чтобы похоронить папу, пришел на родной завод, встретился с Сергеем Романовичем Бекеневым. Он-то мне и сказал, что Анастасия Ивановна умерла. Похоронили ее на Колпинском кладбище, от коллектива возложили венок. И были только наши…
И еще один человек приехал – пожилой, седой, сказал, что он ее бывший муж.
– Он плакал? – спросил я.
– Нет, – ответил Бекенев. – Постоял… покурил и уехал. Даже на поминки не остался.

что-то щебечут ему, и он улыбается. Вдруг вижу, вокруг моей
жены суетятся женщины и укрывают ее плечи какой-то шалью
ярко-красной. Обнимают, ведут к столу. Но и меня не оставляют.
Жмут руки, подбадривают…
И, наконец, усаживают, почти насильно…
После стресса на улице, через пару-тройку минут в этом доме все
становится простым и понятным.
Вдруг завязывается разговор.
Начинается потрясающий разговор, который я никогда не забуду.
Мы неожиданно начинаем их понимать. Клянусь вам, в нас входит
практически каждое слово, ими сказанное.
Мне уже трясет руку их дедушка, мою жену обнимает
их тетушка, на столе появляются разноцветные
блюда, они добавляются и добавляются…

И такое тепло разливается вокруг, такое тепло!
Что ты таешь, млеешь и раскрываешься ему навстречу.
И внезапно понимаешь, что не надо никакого языка.
Ты понимаешь, что банальная фраза «сердца говорят» –
совсем не банальная, она настоящая, она самая реалистичная
на свете! Вдруг понимаешь, что мир разделился на языки
только потому, что мы разучились говорить сердцем.

И вот мы сидим и, клянусь вам, говорим сердцем.
Мы кушаем, поем, обнимаемся, и так хочется, чтобы не
прекращалась эта бомбежка. Потому что нет выше счастья.
Так прошло несколько часов.
Уже давно отзвучала сирена отбоя, а мы все сидели и сидели…
Илюша исчез в комнате с детьми, и оттуда
слышались их радостные вопли.
Мы сидели в салоне квартиры, пили вкуснейший чай с
мятой, ели потрясающие сладости – медовые блинчики…
А потом их дедушка, под девяносто, схватил дарбуку
(это такой восточный барабан), а за ним его дети
и внуки (дарбук в доме оказалось много)…
И тогда уже пошло-поехало.
При этом, заметьте, никто из соседей не стучал в стены.

В этот день я понял, что останусь здесь навсегда. Что это мой дом.
Что это мой народ. Моя семья.
Такие разные, кричащие, размахивающие руками, они мне близки и
дороги, как никто!
Так ушла тоска, растворились вопросы, и
выплыло из тумана новое состояние.

Когда-то в глубоком детстве я испытывал что-то похожее,
чувствовал, что мне нечего бояться, я в безопасности, вокруг мои
родители, и все пропитано их любовью и заботой.
Вот так я себя почувствовал в незнакомом
мне доме тогда, во время войны.

И позже я услышал фразу, что народ наш образовался вокруг идеи.
Идея эта – идея Единства. Идея любви к ближнему.
Я сразу все понял. Сразу согласился с этим.
Во мне не было никакого сопротивления, я не рассуждал,
не философствовал, не копался в истории.
Я сразу это принял и даже отметил про себя:
«Ну, конечно! Не может быть по-другому!»

Можно было бы закончить историю на этом месте, но у нее есть
удивительное продолжение.
Мы еще несколько раз встречались после войны, очень
теплые были воспоминания – встречи родных людей.
Но так получилось, что через пару месяцев мы переехали.
И как-то так жизнь засосала, потерялись…

И вот – прошло еще 23 года.
Мы с Ниной уже жили на юге Тель-Авива, в маленьком домике с
садиком.
Мой сын Илюша к этому времени женился, жил отдельно, одарил
нас замечательными внуком и внучкой…
И как раз началась очередная война под названием «Нерушимая
скала».
И оказалось, что ракеты из Газы долетают до нас преспокойно.
И оказалось, что до бомбоубежища бежать минут пять.

Ну, то есть нет смысла бежать.
И мы решили никуда не бегать.
При каждой сирене мы с Ниной прижимались к единственной в нашем доме бетонной стене и так и стояли, обнявшись.

И вот, один из дней – очередная сирена.
Стоим мы, обнявшись.
И вдруг слышим, за окном бегут люди.
Нина открывает дверь и запускает к нам в дом пару израильтян, мужчину и женщину, лет тридцати.
Мы уже иврит знаем, объясняем им, что до бомбоубежища они не добегут, предлагаем отстоять с нами у стеночки.
И так стоим мы у стеночки вчетвером.
Воет сирена, мы стоим и даже разговариваем о том, что все это ерунда, но, конечно, желательно, чтобы бомбоубежище было поближе, но все-таки тут бетонная стена…
Надеемся, что выдержит, да точно выдержит, вон она какая толстая…
И вдруг парень всматривается в меня и спрашивает:
– А вы в 91-м в Ашдоде не жили?
– Жили, – говорю.
– Во время войны?
– Да, во время войны.
– Ой! – вдруг выдыхает моя Нина. – Не может быть!
А он говорит:
– Так это вы?!
Я раскрываю рот и понимаю, что такой сценарий не придумаешь!
Нина то смеется, то плачет, – не поймешь.
Парень этот начинает водить руками и кричать, рассказывать и нам, и своей подруге, что он – это та самая марокканская семья, это его родители, тетки и дядьки, бабушки, дедушки, прабабушки, прадедушки и все его родные! Что ему тогда было ровно шесть лет, когда мы все сидели вместе и так не хотели, чтобы эта бомбежка заканчивалась!..
Что это он дал нашему Илюше мячик, а потом дудочку и медвежонка. Что они каждый раз нас вспоминают!
Что есть Бог, есть!

Что говорить, мы начали обниматься, его подруга Дана
визжала и разводила руками так же, как и он.
Потом мы накрыли стол, у нас оказалось совсем немного еды, но
никого не интересовало, сколько там этой еды.
Потому что мы снова говорили сердцами, хотя уже и знали язык.
Мы услышали всю историю наших марокканских спасителей.
Асаф, так звали парня, поведал нам о каждом в подробностях, и нам
это было очень интересно.
По ходу выяснилось, что у них с Даной через два месяца свадьба.
И мы были тут же на нее приглашены.
А мы, в свою очередь, рассказали им об Илюше. О нашей
невестке, о наших потрясающих внуке и внучке.
Нина сразу разложила фотографии, и мы услышали рассказ о том,
какой умный у нас внук, и как выговаривает каждое слово внучка…
Мы говорили и не заметили, как прошло несколько часов.
Опомнились в полночь, договорились, что
встретимся сразу после войны.

Через неделю война закончилась, и мы поехали в гости в Ашдод.
Нас еще на въезде в город встретили Асаф и Дана, пересадили к себе
в машину и повезли по знакомым улицам в тот самый дом…
Я не следил за поворотами, мы все время говорили.
Приехали. Вошли в дом… Они все типовые, старые дома в Ашдоде.
Дверь открылась. Нас ждали.
Перед нами стояла огромная галдящая марокканская семья…
Переступили порог. Я сразу обнялся с кем-то.
Нину обняла старушка, потом еще одна.
И вдруг я обратил внимание, что на меня пристально смотрит
мужчина моего возраста.
Я его не узнал. И он меня тоже. Я огляделся.
И вдруг понял, что я никого не узнаю.
И они приумолкли, всматривались в нас, они тоже нас не узнавали.
Хоть и прошло 23 года, но все-таки я многих помнил,
особенно того, кто нас втянул в квартиру.
Мы с Ниной переглянулись. Она шепнула мне: «Это
не они…» Я ответил: «Сам вижу». А вслух произнес:
«Извините… но мне кажется… мы ошиблись».

В общем, что говорить, не те оказались марокканские евреи. Но история, вы будете смеяться, оказалась, такой же точно. То есть абсолютно такой же! Так же точно они затащили к себе испуганную семью во время бомбежки, таким же теплом одарили, так же точно все почувствовали себя одним народом, который так и должен жить. И без всяких войн.

Короче, мы не ушли. Нас усадили за стол.
И снова повторилось это чудо объединения, когда под вкуснейшую еду, под улюлюканье, под бой дарбук и душевный разговор вспоминались те счастливые мгновения войны, которые перевернули нашу жизнь.

А еще через два месяца мы гуляли на свадьбе у Асафа и Даны.

/ первый стыд /

Ну, теперь надо напрячь память.
Мне было четыре года. Может, чуть больше.
И мне, в принципе, нравилось в детском садике.
И там нравилась мне одна девочка.
Таня, по-моему, ее звали Таня.
Такая, с огромными бантами. Я был в нее влюблен.
Однажды даже дал ей полконфеты «Мишка на севере».
А она мне потом два кубика от шоколадки «Аленка».

Все хорошо, если бы не тихий час.
Тихий час разбивал мне жизнь.
В тихий час мне снился все время один и тот же сон, что я плыву по озеру, что я даже вижу дно и рыбок разноцветных…
Плыву-плыву себе…
И просыпаюсь в мокрой постели.
Мокрый, испуганный, не знающий, как это скрыть.
И скрыть-то нельзя. Как?! Бывало, прикроешь одеялом, думаешь, вдруг не заметят… Но куда там! Замечали сразу же!.. И тогда ворчливая нянечка начинала менять постель…
Повторялось это по два-три раза в неделю.
Когда это происходило дома, родители говорили – пройдет… дело возраста.
Правда, несколько раз водили меня к врачу, он долго заглядывал мне в рот, прописал даже какие-то капельки…
Потом меня смотрел веселый друг отца, кажется, он был детским психиатром или психотерапевтом, шутил, играл со мной в «чапаева»,

сказал – теперь должно пройти…
Но не прошло.

И вот сегодня случилось в очередной раз.
Нянечка меняла постель, а я стоял в стороне и мечтал провалиться сквозь землю.
Потому что ловил на себе взгляды всех.
Ну, абсолютно всех!
Это ужасное ощущение, когда все на тебя смотрят.
Но особенно ужасно, когда смотрит на тебя она – Таня.
Простыни вывешивались тут же, за окном.
И моя, с пятном, прямо напротив, в центре, чтобы все видели!
– Ну кто знает, что это моя?! – пытался себя успокоить. Было еще несколько таких же, как я.
И вдруг:
– Он писается! – указывает на меня Валя.
И сердце летит вниз.
– Я не писаюсь! – кричу.
– Писаешься! Писаешься! Вон какое пятно!.. Что, скажешь, не твое?
И я смолкаю… Что я могу сказать?
А тем временем все смеются. И даже те, чьи простыни висят рядом с моей.
Ну, как объяснишь им, что я не специально, что все происходит во сне, что меня показывали врачам, и они обещали мне, что это пройдет…
Я сгораю от стыда.
Ловлю на себе взгляд Тани.
И хочу умереть.
Но я не знаю как?!

И тогда убегаю в парк. Забираюсь в самую его трущобу, падаю в густую траву у забора и замираю, глядя на верхушки высоких тополей.
Проходит час, а может и два… Я лежу.
А меня тем временем ищут родители.
Находят каким-то непонятным образом. Вдруг надо мной появляется рассерженное мамино лицо, и она говорит:

– Ну вот он, твой! Я не буду с ним разговаривать, говори с ним сам!..
Маму сменяет папино лицо.
– Сынок, – говорит папа, – ну, что же ты?! Мы ведь очень волнуемся.
В результате, как всегда, папа остается со мной один на один.
Все знают, что только ему я признаюсь во всем.
И я признаюсь.
– Папа! – говорю я. – Мне никто не может помочь. Я сегодня уписался снова.
– Сынок, ты еще маленький, – говорит папа, – вот увидишь, все наладится.
– И все это видели, папа?! Они все смеялись надо мной... Они показывали на меня пальцем...
– Кто?! Скажи мне, кто, я поговорю с ними.
– Все дети.
– Я поговорю с воспитателями... с их родителями...
– Папа!
– Сынок, дорогой мой, поверь мне, это обычное для детей дело. И это пройдет.
Он снова начинает меня успокаивать, и даже сегодня, вспоминая этот наш разговор, я просто чувствую его боль за меня. Моего любимого папы. Он заглядывает мне в глаза, говорит что-то ободряющее, говорит, что у него самого такое было... Обещает сводить в кино, купить конструктор...
Но мне не до того сейчас.
– Я не пойду больше в садик, – говорю ему.
– Сынок, – папа растерянно разводит руками. – Я тебя понимаю, конечно, но и ты нас пойми, мы с мамой работаем (работали они действительно очень много). Галя, твоя сестра, весь день в школе. Ну, с кем ты дома останешься?!
– Один, я уже взрослый.
– Нет, – говорит папа, – я тебя очень прошу, продержись немножко, ну, продержись! Мы обязательно что-то придумаем.

И тогда я вдруг придумываю сам. Я решаю не спать в садике вообще. Это решение кажется мне выходом из положения.
Ну, что стоит продержаться час-два... Сделать вид, что спишь, а самому думать о чем-нибудь, ну, например, о том, как мы ездили к

дедушке и бабушке в Курск.
И на следующий день я действительно держусь.
Все закрывают глаза и спят, проходит мимо воспитательница, поправляя одеяла.
Я прищуриваюсь…
И не сплю…
Я держусь, как могу. Вспоминаю Курск, какие вкусности мне наготовила бабушка, я даже ощущаю их вкус, вспоминаю, как мы с дедушкой прикрепляли к окну флюгер и как он крутился шурша, а за ним летели облака…
И вдруг, почему-то оказалось, что дом стоит на берегу озера…
И я могу прямо из окна прыгнуть в воду, и я прыгаю… И плыву… плыву… И дедушка кричит мне: «Молодец! Ты умеешь плавать!»
Я счастлив, вода прозрачная… Я вижу разноцветных рыб…
И просыпаюсь мокрым…
Я заснул.
Как же так?!
Ну как же та-а-ак!!!
Ну, что стоило мне продержаться один час?!
Я ненавижу себя!
И снова, уже в который раз, повторяется та же мука.
Снова я ловлю на себе взгляды детей…
Снова ищу ее взгляд – Тани…
На этот раз я не дожидаюсь, пока поменяют мою постель, пока дети поймут, что снова можно посмеяться надо мной.
Я прячусь в чулане.
Сижу, сжавшись, на ступеньках, знаю, что рано или поздно найдут и выведут на чистую воду, но хочу максимально оттянуть эту пытку.
И вдруг слышу шаги…
Уверен, это идут за мной.
Открывается дверь.
На фоне светлого коридора, я вижу огромные банты и знаю, что такие есть только у одного человека – у Тани!
Сердце снова падает куда-то в ноги.
Мне хочется крикнуть ей: «Таня, я держался, как мог!»
Она подходит, садится рядом со мной.
И первая кладет свою руку на мою.

Совсем, как взрослая, заглядывает мне в глаза, и говорит:
– Знаешь, я тебя все равно люблю…
И я смотрю на нее, смотрю… и чувствую, как пережимает мне горло, впервые в жизни, не от боли, не от стыда, – от счастья… от любви…
Так сидим мы.
И молчим.
Два влюбленных существа.
И столько высоты в этом молчании!

Откуда?! – думаю я сегодня, 56-летний, седой и вроде бы уже что-то повидавший. Откуда, думаю я, откуда проявилось в этой маленькой девочке решение – найти меня и сказать самые необходимые в этот момент слова. Которые не смогли сказать ни врач, ни психолог, ни даже мой папа. Откуда она знала, что именно ее любовь согреет меня и спасет.

…Тогда, 52 года назад, пришло ко мне спасение…
Мы сидели на ступеньках чулана… И я был счастлив…
А ты, Таня?!

С этого момента я уже больше никогда не просыпался в мокрой постели.
Все прошло.

/ друг /

И снова на ту же тему – о дружбе.
Дело происходит в армии. Архангельская область. Зима.
Вспоминаются только драматические ситуации. И понятно, почему.
По теории и практике кино (и из лекций Александра Митты – моего учителя), только в них и проявляется герой. Это я не о себе, сейчас поймете.
Так вот, – иду я по коридору, а навстречу мне сержант, уже не помню, кто это был. Я только три дня в части. Зеленый еще. Отдаю честь (у нас сержантам честь отдавали). Он командует: «Ко мне, воин!»

Подхожу. Он берет меня за ремень (роста у него 1 метр 52 см). Смотрит снизу вверх и начинает накручивать ремень, который у меня не по уставу отпущен. При этом зловеще так говорит: «Борзеешь, воин?» Накручивает он ремень 6 раз. Потом приносит зубную щетку и говорит: «6 очков». Это означает, что в теплом, слава богу, туалете я должен этой щеткой прочистить начисто 6 очков.
Без тряпки, без мыла – зубной щеткой.
Чищу… 12 ночи, я все чищу. Туалеты грязные. Я три дня, как из дома. То есть это для меня дело новое, мама меня этому не учила. Чищу… И думаю, что до утра не успею. И всякие мысли еще приходят разные…
Вдруг слышу, в другом конце туалета шорох… и кто-то громко пыхтит. Иду туда и вижу Колю Топсахалова, – я знаю его всего три дня. Грек из Ессентуков. Он усердно чистит туалет такой же зубной щеткой. Оказывается, он подошел к сержанту и попросил его разрешить помочь мне. А тот ему сказал: только при условии, что такой же щеткой. Коля согласился.
Так тепло мне стало. Мы не были знакомы, от силы двумя словами перебросились до этого. И ему от меня

ничего не надо было, он мог бы спокойно спать. Что же его заставило?! Я тогда подумал: «Я бы так не смог». Простой парень, без всякой «начитанности», «интеллигентности» поставил меня в тупик своим, без всякого расчета, действием. Просто почувствовал меня и пришел помогать.

Прошло больше тридцати лет. Я все помню, каждую деталь, все свои мысли. И это тепло.

/ дружить - это не дрова рубить /

Арик, мой близкий друг, позвонил и попросил поехать с ним в больницу.
Оказалось, что его двоюродная сестра хотела покончить жизнь самоубийством.
Наглоталась снотворного, запила виски, еле откачали.
Пока мы ехали до больницы, Арик рассказал, что у нее пневмосклероз легких.
– Это, когда легкие отмирают и превращаются в губку. Она задыхается, а сделать ничего не может. Она хватает воздух, как рыба – ап-ап-ап! И тонет… Нет кислорода!.. Тут только пересадка помогает. Но то ли легких не было, то ли они не подходили, не получалось. Исстрадалась донельзя. И хотела уже закончить эти страдания. Чего тянуть?!

Мы ехали, Арик рассказывал и об ее муже.
– Он миллионер, – сказал Арик, – владелец IT, и не одного, а многих. Высокомерный, заносчивый, с зашкаливающей гордыней. Разговаривает со всеми «через губу». Подчиненные его боятся и ненавидят. Он их давит, как мух. Человек он без жалости и сантиментов. Ну, в общем, понятна картина.
– Так вот, – говорит Арик, – этот монстр признает только одного человека в жизни – свою жену Номи, то есть мою сестру. Поэтому для него все, что случилось – катастрофа.
Теперь я, наконец, понял, для чего меня Арик позвал.
Чтобы не оставаться с ним один на один.

Приехали.
Давид, действительно, не располагал к беседе.
– Как она? – спросил у него Арик.
В ответ молчание.
– К ней можно?
Ноль внимания на нас и на всех.
– Козел! – сказал Арик тихо.
– У человека жена пыталась отравиться, – говорю ему.
– Вот этого он ей простить и не может, – отвечает Арик и двигается в сторону врачебной комнаты.
Поговорили мы с врачом, выяснили, что Номи к вечеру выпишут.
Арик зашел ее проведать, вернулся весь возбужденный, сказал: «Какие страдания, господи!»
И мы уехали.
В этот же день я прочитал в интернете о Номи и Давиде.
Комментарии были безжалостные. О том, что это возмездие, что Давид – чудовище, и он должен почувствовать, что такое боль.
Писали уволенные им, обиженные, их оказалось очень много.
Я позвонил Арику, тот сказал: «Все это правда».
Я ответил: «Но она же как-то с ним живет».
Арик сказал: «Он на нее дышать боится».

Через две недели Арик снова позвонил.
– Ей пересаживают легкое, – говорит.
Тут уже я первый сказал: «Поехали!»
Приезжаем, сразу же от входа к нам
бросается наш общий друг, Йоси.

Йоси – эфиопский еврей, занимается с нами каббалой вот уже лет десять.
Йоси – это, действительно, история.
Он в 11 лет со всей семьей прошел насквозь половину Эфиопии и Судан.
Шли они в Израиль.
В нагрудном кармане согревала его сердце исцелованная картинка Иерусалима.
Нес он на себе поочередно шестерых маленьких братьев и сестричек.

Большой человек, очень мудрый, очень глубокий, очень любимый нами всеми.
И вот, он здесь.
Бросается к нам.
Арик спрашивает: «Что ты тут делаешь?!»
Тот показывает на своих родственников. Сидят тихонько вдоль стеночки, молчаливые, красивые люди в белых одеждах, много их.
– Маме, – говорит, – пересаживаем легкое.
– Что? – спрашивает Арик.
– Ждали больше года, – говорит Йоси, – исстрадались, думали, не дождемся.
– Ты представляешь, а у меня… – говорит
Арик, и не успевает закончить.

Йоси кого-то видит за нашей спиной и спрашивает: «Ну, как?»
Поворачиваемся.
К нам приближается Давид.
Взгляд у него встревоженный, волосы всклокочены, смотрит только на Йоси, не на нас.
– Мысли только положительные, – говорит ему Йоси, – уверенность и благодарность. Ты слышишь?!
– Вот, ребята, – говорит он нам, – моей маме пересаживают правое легкое, а его жене, Номичке, левое, от того же донора. А это мои друзья, – показывает на нас. – Лучшие друзья, познакомься, Давид.
Давид вдруг обнимает Йоси и говорит испуганному Арику:
– Его маме пересаживают легкое. Она еле дышит. Еле дышит, а мою Номичку гладит, представляешь?! Сама задыхается, а ее успокаивает. И меня тоже. Представляешь?! Задыхается и успокаивает, ты понимаешь… Его родственники меня кормили, Арик!
– Кофе ему наш тоже понравился, – говорит Йоси, – да, Давид?
– Очень.

Я стою в стороне, человек я сентиментальный, чуть не плачу.
Вижу – передо мной два мира, абсолютно разных, которые никогда бы не встретились. А тут происходит беда, и она соединяет их.
«Монстра» Давида и добрейшего Йоси.
И что такого, в принципе, произошло?!

Просто Йоси дал Давиду немножко от своего тепла.
И Давид растаял.
Он никогда такого не чувствовал.

Пробежала медсестра. Давид испугался.
Йоси пошел узнавать, в чем дело.
Вернулся и сказал:
– Операция проходит по плану. Номи в норме, мама не очень, но она молодец.
– А что с мамой? – спрашивает Давид.
– Сердце плохое, – отвечает Йоси.
– И ты не волнуешься?
– Мы знаем, что у нее сердце плохое, – говорит Йоси. – Но мама у нас сильная.
Тут еще отец Йоси добавил чувств.
Подошел и трижды обнял Давида, как у них водится, потом сказал что-то по-своему. Йоси перевел: «Отец говорит, что молится за Номи».
Этим он просто убил Давида, тот только развел
руками и уже не сдерживал слезы.

В общем, часа еще два шла операция.
Йоси ходил от стенки к стенке.
А за ним, от стенки к стенке, ходил Давид.
Так в одном горе и в одной надежде они и ходили.
Иногда переговаривались.
И тогда Йоси говорил:
– Твоя тревога передается твоей жене. А ты должен передавать ей уверенность.
– У меня никого нет больше, – бормотал Давид, – ты понимаешь, если она умрет, я этого не переживу.
– Она не умрет.
– Ты уверен?!
– Когда ты последний раз ей в любви признавался?
– Не помню уже. Давно.
– Признавайся ей в любви, сейчас самое время.
И что вы думаете? Давид уперся головой в стенку и начал

признаваться ей в любви.
Он бормотал что-то, разводил руками,
похоже забыл, как это делается.

На пятом часе ожидания их позвали к хирургу.
Еще через полчаса они вышли, сияющие.
– Операция закончилась, – сообщил Йоси. – Пока к ним не дают входить. Теперь надо молиться.
– Надо выпить, – сказал Давид. Он уже не мог
терпеть. – Очень прошу выпить вместе со мной.

Выпивали мы в аргентинском ресторане.
Закуска была отличная, но Давида развезло сразу.
И он вдруг спросил Йоси:
– Вот, почему ты такой?.. Почему?!
– А я тебе скажу, – отвечал Йоси, это было после пятой рюмки. – Я такой, потому что у меня такие друзья, – показал на нас с Ариком.
– Я этого знаю, – указал Давид на Арика. – Прости, Арик, я не думал, что ты хороший человек…
– Надо, чтобы тебя настоящие люди окружали, – сказал Йоси. – Тогда и ты таким станешь. Вот тебя кто окружает?
– Меня окружают сотрудники, – ответил Давид. – Они бы легкое не отдали. Они бы его лучше съели, чтобы никому не доставалось.
Сказал и замолчал.
Вдруг прибавил испуганно:
– Я ведь завтра проснусь и в упор вас не буду видеть. Что же мне делать?
– Дружить, – сказал Йоси и поднял вверх палец. – Дружить, это значит, радоваться, когда другому хорошо.
Давид задумался.
– Это невозможно, – сказал он.
– Вот поэтому, ты завтра проснешься и о нас не вспомнишь, – сказал Йоси.
– Я всех уволю, – вдруг произнес Давид. – А вас возьму.
Через два часа я как-то развез их по домам.
Давид божился, что теперь знает, что такое дружба.
Но на следующий день он позвонил Арику, узнать, не наговорил ли

чего-нибудь лишнего. Не обещал ли кому-нибудь денег.
Арик сказал ему, что он вел себя корректно, денег не обещал, вообще был такой же сволочью, как и обычно.
Давида это успокоило. Больше он не звонил.

Мама Йоси умерла через две недели. Легкое не прижилось.
Она все спрашивала про Номи, как та?
Номи горевала, конечно. Но у Давида много денег.
Они вдвоем сейчас где-то путешествуют.

А мы с Ариком и Йоси так и продолжаем мечтать о том, когда все будет по-другому. Когда человек будет радоваться тому, что другому хорошо.
Вот таких мы ищем. И знаем, так будет.

/ прорыв /

Поиск себя занял 40 лет. С одной стороны, немало, с другой, хорошо, что не 50, 60 или вообще…
1996 год.
Я бегу по улице. Не бегу!
Лечу!..
Что произошло?
Я нашел Учителя.
С этого момента, каждый день – новое открытие.
Каждый урок – откровение.
Я помню, до дрожи ждал эти уроки, которые тогда проходили на русском.
Все-таки, что значит родной язык?! Каждое слово – прямо в сердце, без пауз.

Сначала нас было человек десять.

Через полтора года нам предложили вести передачи на радио «7 канал».
Студия «7 канала» находилась на территориях.
Ездим вчетвером, Учитель, я, Бенци, – мы на его машине «Пежо 306», о ней еще будет много сказано, и Юра – наш композитор.
Все время, проезжая блокпост, Бенци достает пистолет, так, на всякий пожарный, кладет рядом… Времена тревожные.
И мы с ними пока не братья.

Называем передачи просто «Каббала – наука жизни». Для меня – так оно и есть.
А для других – это красные нитки, живая вода, таинственные знаки.
В общем, всякая чепуха, не имеющая никакого отношения к истине.

Как объяснить, что это все не то?.. Каббала – не мистика, нет, это серьезная наука.
О том, как соединиться человечеству. Она о нас. И она нужна нам!

С такими мыслями начинаем вещать.
Я – ведущий, Лайтман отвечает на мои вопросы.
К каждой передаче готовлю по 30-40 вопросов.
Нас только начинают слушать. Проверяют, что это за птицы такие появились в эфире.
В какой-то момент говорю Учителю: «Есть бестселлер всех времен и народов – Тора (или Библия). Давайте начнем ее разбирать».
Он мне: «Ты что, смеешься?!.. И не думай… Ты вообще представляешь себе, какая это глубина?!»
Я пока не представляю, но мысль затаил.
Еще одну передачу веду по-старому, задаю вопросы, нас спрашивают слушатели.

А потом решаюсь. Думаю, будь, что будет. Попробую. Спровоцирую.
И где-то на шестой по счету передаче сидим мы в студии, идет прямой эфир, и я тихонечко достаю из-под стола Тору… и зачитываю первые строчки главы «Ноах» («Ной» в Библии).
«…Вот родословие Ноаха: Ноах, муж праведный был, непорочнейшим в поколениях своих…».

Лайтман на меня смотрит. Пауза. Я смолкаю. Юра, наш композитор, переводит взгляд с меня на него. Бенци тихо присаживается за моей спиной. Мы знаем, что он у нас резкий, – наш Учитель.
И вдруг… вдруг я вижу, как он закрывает глаза. Ребята, это я никогда не забуду! Как подтягивается к микрофону, почти касается его губами, вздыхает… Такой долгий вздох… пауза…
Так все и было! Именно так!
…И начинает говорить.

Никогда я не смогу объяснить, что чувствовал тогда. Все слова пресны… Вот, когда понимаешь, как все-таки ограничен язык.
Я застываю. И ребята тоже. Я не чувствую тела.
Я вижу его профиль…

Он говорит с закрытыми глазами, медленно, не подбирая слов.
Они сами льются.
Говорит о том, что здесь, в этой книге, описана вся духовная работа человека, что все это не внешние истории, которые произошли с каким-то там народом, нет, – это все во мне.
Каждое слово, имя, название места… Все во мне…
То есть в каждом из нас.
И вся эта книга – ступени моего проникновения в себя… большего… еще большего… еще и еще…
Какая тишина в студии!
Боимся пошевельнуться, чтобы не нарушить ее.
И вся история Ноаха, который входит в ковчег, заводит туда родных и близких, животных, птиц, заносит растения и так далее («каждой твари по паре»). И спасается в ковчеге от потопа…
Вся знакомая нам история вдруг переворачивается абсолютно.
Мы начинаем впускать ее в себя.

Слышим голос Лайтмана:
– Спроси себя: «Где я в этой истории с Ноахом?» Или еще лучше: «Где он, Ноах, внутри меня?» Требуй только от себя самого, только с одним вопросом подходи к чтению этой Книги – все, что я читаю здесь, все это происходит со мной.
Ноах – это не человек, нет, это мое первое чистое желание Отдавать. Любить. Делать добро. Пока еще маленькое, еле слышное…
Но я уже различаю его. Оно живет во мне…
Вот это желание и называется Ноах.

«…Ибо тебя увидел я праведным предо мной в этом поколении», – читаю и весь дрожу.
И он поясняет:
– Это о Ноахе говорится. О праведном желании Ноах в поколении пустых, эгоистических, никчемных желаний, которые скопились во мне… «Извратилась земля», – ты думаешь о земле речь?.. Нет! О моих желаниях, которые извратились.
Потому что живу в своем эгоизме… только для себя живу…

И чувствую, как это уже начинает разрушать меня… и всех вокруг…

И чувствую, что я просто обязан найти в себе «Ноаха».
Ухватиться за него… и держать! Держать!..
Как держать?! Обложиться хорошими книгами, в которых идет речь о любви, отдаче, а значит о Ноахе, открыть сердце близким по духу людям так, чтобы помогать друг другу соединиться…
Вот так жить. Вместе защититься от безумной рекламы, пустого телевидения, желтой прессы, – не впускать их в себя.
Если смогу выдержать, то это и будет означать, что вхожу в ковчег с Ноахом. Что я построил защиту. Возвел стены…
Из книг, друзей, мыслей…
И я уже могу плыть с ними, а не тонуть в потопе всякого «г…».
Не расскажешь обо всем, что произошло с нами в студии.
Мы изменились – это точно.
Больше того скажу – было ощущение, что мы родились заново.

…То, что происходило за пределами студии, я узнал позже.
В это самое время бежал по берегу моря, где-то в районе Нетании, высокий красивый парень, атлет, мастер кулачного боя, который готовился вот-вот стать преподавателем полицейской академии – Миша. Бежал он свою «десятку» километров, как всегда слушал радио на бегу. И вдруг – остановился… Потому что попал на нашу волну. И с первых слов, как он говорит, споткнулся… Замер…

В то же время системный администратор компьютерной фирмы Марик как бы случайно включил радио «7 канал». И попал на нас…
И все. Конец работе на час, как он рассказывал потом.
Да на какой там час, на весь день.
Ходил, размышлял, не мог никак отойти. Так его прошибло.

Так же прошибло в то же самое время и Леву – электрика, и Мотю – историка, и Игоря – инженера-электронщика, и Витю – музыканта (репетировал он на фаготе, слушал радио параллельно).
И еще очень многих…

Что же такое произошло? Как получилось, что люди советского воспитания, которые Тору (да и Библию) в глаза не видели, вдруг поразились? Вдруг пробило их…

Ответ мне ясен. Там говорилось о них.
Каждый почувствовал, что говорится о нем лично. Что кто-то сейчас по-русски и прямо в сердце отвечает на вопросы, которые в них жили все время, и не важно задавали они их или нет…
Они все потом придут. И еще многие, кроме них.
Придут и станут основой группы… Сегодня в этой группе около двух миллионов учеников по всему миру.

Но это будет потом... А пока происходит вот что – шквал телефонных звонков.
Именно с этого момента передача начала набирать обороты.
И очень стремительно.
Каждый раз мы разбирали новую главу. И каждый раз поражались. Нам звонили со всех концов страны. Мы не успевали отвечать на вопросы. Выстроились очереди в эфире.
Мы попали в точку… В сердце. Туда, где живет чувство.
Где мы скрываем любовь. И не очень хотим ее показывать.
Где тоска от одиночества. Где масса вопросов, на которые, казалось, нет и не будет никогда ответов, так и умрешь, не добьешься их…
И вдруг приходят ответы.

Всю неделю, я не придумываю, так мне рассказывали потом, всю неделю, люди ждали этой передачи. Записывали ее. Передавали записи друзьям и знакомым в Россию. И там уже их слушали в машинах – в «жигулях» и «поршах», слушали, не отрываясь. П
отом размножали кассеты… В общем, дело пошло…
И нас даже пригласили в Россию. Готовились лекции в Москве, в историко-архивном институте, в Питере.

Мы взяли билеты на 20-е января. Оформили визу, тогда это было дело не быстрое.
До отъезда нам оставалось провести всего одну передачу.
Это было 18 января 1998 года, в пятницу, в 10 утра, за два дня до отъезда.
Мы ехали и обсуждали, о чем будем говорить.
Как всегда с предосторожностями въехали не территории.
Перед нами простиралось узкое шоссе. Машин было немного…

18 января в 11:00, как положено, все включили радио.
Сначала затянули с рекламой… Потом объявили, что Лайтман задерживается в дороге. Люди ждали.
Снова музыка… снова реклама…
А потом вдруг сообщение: «Мы не знаем, что произошло. Но что-то очень серьезное…»

/ авария /

Итак, мы едем на радио «7 канал». Наша передача через сорок минут.
Въехали на территории.
Перед нами узкое шоссе. Навстречу летят машины, а наша сторона свободна, идем свои 100.
Учитель за рулем, Бенци спит справа от него, Юра спит слева от меня. Я на заднем сиденье.
Обсуждаем будущую передачу.
Надо сказать, что у Лайтмана есть такое свойство, он не хочет заранее знать вопросы.
Он человек прямой трансляции. Прямого ответа.
Ничего заранее не заготавливает.
Ну, едем мы, значит.

Я читаю недельную главу из Торы (Библии), которую сегодня будем обсуждать.
Называется она на иврите «Шмот», а на русском «Имена».
Глава потрясающая. Обилие драматических ситуаций, закрученная внешняя история, но внутреннее содержание еще сильнее.
В ней рассказывается, что в Египте встал новый Фараон, который решил разобраться с народом Израиля.
И застонали люди под Фараоном.
Но не о Фараоне здесь говорится и не о народе Израиля, нет.
Израиль в переводе с иврита – это Исра – прямо, Эль – к Творцу.
«Прямо к Творцу!» И Творец – это не седобородый старец, а свойство Любви и Отдачи. Это Закон Любви и Отдачи.
Получается, что те, кто стремится стать такими же – любящими и отдающими, они и называются Исраэль.
И речь в Библии идет не о жителях Израиля и не о евреях по рождению, а о тех, кто в себе ищет свойства Любви и Отдачи.

Ищет в себе народ Израиля.
Потому что он есть в каждом из нас. Абсолютно в каждом.
Вот с ними-то, с этими свойствами, и решил разобраться Фараон, который тоже живет в нас. Фараон – это наше эго.
Самая-самая сердцевина его.
В главе «Шмот» говорится о том, что пришел момент, когда мы почувствовали, что мы – рабы его. Что эго правит нами. Каждым нашим действиям, всеми нашими мыслями управляет. И нам стало нехорошо от этого.
Раньше мы неплохо жили в Египте. Египет на иврите – «Мицраим», что в переводе означает «сосредоточение зла».
Так вот, в Египте, в этом царстве эгоизма, мы жили припеваючи, мы не чувствовали его власти. Не думали, что мы эгоисты.
Думали, что эгоисты другие, а не мы.

И вдруг у нас раскрылись глаза. Мы увидели его – нашего Фараона. Поэтому и говорится, что «встал новый Фараон».
И мы поняли, что он – источник всех наших бед.
Мы уже хотим бежать от него. Изнемогаем, работая на него.
Стонем!..
И когда чаша нашего терпения переполняется…
Тогда и рождается в нас сила по имени Моше, которая потом и вытаскивает нас из этого эгоистического рабства.
Моше – от слова «лимшот» – вытащить.
Эта сила и есть наше стремление к Любви.
Она сначала маленькая, практически бессильная,
как и сам маленький Моше.
Но потом она растет и превращается уже в вождя Моше.
Который может увести народ от самого Фараона.
То есть вывести нас из эгоистической природы.
Ох, как много можно об этом написать, но возвращаюсь на шоссе.

Так вот, мы едем.
И вдруг, ну, метрах в 15-ти от нас, неожиданно резко выворачивает и несется нам в лоб, не снижая скорости, микроавтобус «Мерседес».

Справа от нас скала, слева колонна машин, вывернуть некуда.
Не успеваю и крикнуть. Но точно помню свою последнюю
мысль: «Неужели из этого можно выскочить?!»
Удар... Безжалостный, в лоб...
Помню – «шмяк!». И все.

Очнулся я, не знаю, сколько времени прошло...
Машина наша дымится... За окном мечутся лица арабов...
Их много...
Слева стонет Юра... Справа Бенци замер безжизненно, бросил
голову вниз... и она вся в крови.
Учитель сидит, выпрямившись...
Тихо так сидит, не шевелясь.
Зову его...
Не отвечает...
Зову снова...
Медленно приподнимает руку... значит, жив...
Оглядываю себя. Боли не чувствую. Правая моя нога закручена
вокруг тела, как будто она существует без меня (множественные
переломы), левая рука не движется, из-под куртки что-то
выпирает... открытый перелом...
Еще минут 20-30 я не буду чувствовать боли.
Кровь будет уходить, выльется ее много, но боли не будет почти.
Ну вот... Тут приоткрывается дверца машины и
заглядывают испуганные парень и девушка.
Выяснится потом, что они несколько дней как поженились и живут
здесь, на территориях.
Спрашивает меня парень: «Что делать?»
Я говорю: «Тяните...»
А машина уже горит...
Они организовывают арабов, те вытаскивают сначала Учителя,
потом Юру, меня, Бенци – с трудом. Он без сознания.
На него страшно смотреть.
Лежу метрах в десяти на дороге...
Вдруг перестаю слышать...
Мечутся передо мной лица...

Заглядывают, что-то кричат…
А я не слышу.

Только вижу, как стоит перед машиной мой Учитель.
Такой бледный-бледный, ни кровинки на лице.
Стоит, опершись рукой на капот, и никого к себе не подпускает.
Вижу, подбегают к нему арабы, но он останавливает их рукой.
Медленно садится возле переднего колеса и тихо сидит и смотрит перед собой на землю.
Это потом окажется, что у него были перебиты все внутренности.
Но пока – спокойный взгляд и какое-то отрешенное раздумье.

Тишина продолжается еще несколько минут.
И вдруг врывается звук. Кричат арабы:
– Что вы наделали?!
Как будто это мы наделали!..
Оказывается, микроавтобус этот, «Мерседес» с 14 пассажирами-арабами и накурившимся водителем, лежит в кювете. А наш боевой «Пежо 306», стоит, чуть повернутый, на дороге. И дымится.
Это потом полицейские будут разводить руками и говорить, что непонятно, как мы остались живы. Ну, не понятно им, непонятно!
Не бывало так, чтобы выходили живыми из таких аварий!..
Лежу и думаю, что я-то знаю, почему.
Но как им это объяснишь?! И надо ли вообще объяснять?!

Учитель потом сказал мне, что последней мыслью его было: «Как попасть под колесо». И он под него попал. И всех нас спас.
Мерседес въехал в нас на скорости 140 км в час, точно в лоб.
Потом, по рассказам очевидцев, взлетел над нами, сделал три оборота и скрылся в кювете.
Но пока я ничего этого не знаю. Лежу на шоссе. Кровь из раны на голове заливает глаза. Ждем «скорую». Ждем полчаса, не меньше.

Тут надо мне сделать небольшое отступление.
Хочу рассказать о природе человека. Об эгоисте. О себе.
Ну, сами посудите, приезжает «скорая», начинают нами всеми заниматься.

Ну и мной, конечно. Я лежу на асфальте, нога поломана, рука поломана, голова проломлена, склоняются ко мне санитары и, чтобы освободить руку, решают разрезать рукав куртки. А это, надо сказать, моя любимая кожаная куртка. И я, из последних сил, хриплю им:
– Куртку не режьте!.. – хотят все-таки резать, а я им категорично. – Не режьте!..
Кое-как они справились, уж не понимаю, как, но освободили руку. И я стонал от боли, но помогал им.
Принимаются они за мою ногу. Хотят мне ботинки порезать… нога распухла. А я им, уже почти теряя сознание:
– И ботинки не режьте!.. «Тимберленды», купили месяц назад, шекелей за 400.
Так меня в «Тимберлендах» и грузят в машину.
Летим на полной скорости.
Потому что у меня рука перестает двигаться.
Привозят. Тут же отправляют в операционную, с рукой, ногой, головой. Вливают литры крови, потерял много, и латают меня 5 часов подряд две бригады врачей.
Руку мне делает прекрасный арабский врач, на него все здесь молятся, а ногу – русский, тоже орел. Потом он приводил даже свою жену, показывал меня, снимок ноги и гордо говорил: «Вот, 18 костей нанизал на одну железку… Будет еще бегать!..»

Меня оперируют, а тем временем Учителя, Бенци и Юру перевозят в другую больницу.
Учитель тяжелый.
Внутреннее кровоизлияние. Все внутри перебито.
Бенци – никакой. Голова, как глобус, все время без сознания, глаз не открывает.
У Юры поломан тазобедренный сустав.

Пока вся эта катавасия происходит, «сходят с ума» наши жены.
Юриной сообщают, что мы погибли. Там полная паника.
Моя успевает получить от меня сообщение, что я жив, прорывается на машине через религиозные районы, а дело происходит между

пятницей и субботой. Шаббат – движение там запрещено.
Тем временем ребята наши, все до одного, уже здесь, рядом с нами.

Мы будем открывать глаза и видеть родные,
любимые лица, склоненные над нами.
В них и тревога, конечно, но и покой, и полная безопасность, и
уверенность, что тебе ни за что не дадут умереть.
Да, с этого момента они не отпустят нас ни на мгновение.
Уцепятся в нас своим желанием, и мы будем буквально
чувствовать, что нас держат на руках.

Неделю Учитель находится в реанимации.
Неделю балансирует между жизнью и смертью.
Неделю все наши ребята, а в группе уже человек 50, дежурят рядом с ним, не выходя, 24 часа в сутки.
Их будут выгонять из палаты, а они – входить снова. Потом
уже перестанут с ними бороться, поймут – бесполезно.

Потом мой любимый товарищ, Гилад (майор, командир
пограничного катера) расскажет, как он летел на машине после
того, как узнал, что произошло с нами, и думал только об одном,
что такого не может быть, чтобы забрали у него жизнь, которую
он только-только нашел после стольких лет скитаний…
Просто не могут забрать у него Учителя, нас…
Да он просто не отдаст нас никому!..
И так все ребята.
Все живут с этой мыслью. Она соединяет всех.

Матрасы брошены на пол, на землю, рядом с машинами…
Постоянно сменяемые караулы. Они молчат, курят, не
надо ни о чем говорить. Молитва – она ведь в сердце.

Не описать, ну, не описать!.. вот этого чувства безопасности,
абсолютной связи с товарищами, и она даже не физическая, она
мысленная. Я уже сказал, тебя просто держат на руках, – вот именно
такое ощущение и есть. И ты спокоен. Не дергаешься. И сам даешь
им это спокойствие. Понимаешь, что оно и им тоже необходимо.

Такое вот взаимное поручительство получается.
Вы поручились за меня, я ручаюсь за вас.
Именно это время я называю временем рождения нашей группы.
С этого момента все пойдет по-другому.
Иногда думаю, что мы и разбились именно для этого.
Вот, действительно, если задуматься, ирония судьбы, ей-богу!
Вроде бы тяжелая авария, и сложены мы по кусочкам…
И реанимация, и боль постоянная…
Но для меня это – самый счастливый период моей жизни!..
Верите, самый счастливый!..

…Через полторы недели меня выписывают.
Я прошу завезти меня к Учителю. Мы в разных больницах.
Он сидит худой такой, в кислородной маске, с «Учением Десяти Сфирот» в руке.
Мы обнимаемся, я на коляске, и он тоже… Он трясет учебником и говорит:
– Я здесь такое нашел!..
И глаза сияют. И я ясно понимаю, что ничто и никогда нас не разлучит. Что я всегда буду с ним, рядом! Всегда.

В это время приходят делать ему какую-то дикую процедуру – откачивать жидкость изнутри. Прямо на глазах засовывают длиннющую иглу ему под ребро и с ужасной болью высасывают жидкость.
И еще говорят, что эту процедуру ему надо проходить раз в две недели. Даже, когда его выпишут.
А дальше будет операция, еще операция… Смотрю на смертельно усталого Учителя и думаю – это безумие какое-то.

И тогда появляется Геллер.
Вдруг сообщает мне мой друг Женя, что где-то в Раанане открылась клиника, лечат там иглами. Врач работал 17 лет в Китае.
Творит чудеса.
На следующий день везем Учителя к Геллеру.
Странный мужик, нервный, резкий, крикун,
диктатор, нет для него авторитетов.

Оглядывает Лайтмана. Кивает.
Не надо ему ничего объяснять. Приказывает ложиться.
Шутя и играя, почти не глядя, ставит иголки.
Учитель наш послушен, как ребенок.
Ставит и мне заодно. Я произношу, на
первый взгляд, безобидную фразу:
– Надеюсь, – говорю, – поможет.

Вечером мне звонит этот самый Геллер. Мы с ним от силы знакомы один час. А он, ни тебе «здравствуй», ничего, – сходу орет в трубку:
– Кто ты такой! – орет. – Кто ты такой, я тебя спрашиваю, чтобы усомниться во мне!..
Ничего не понимаю, молчу ошарашенный. А он продолжает орать:
– Как ты мог сказать: «Наде-е-е-юсь, что поможет!»?
Пытаюсь возмущаться… А он кричит:
– Заткнись!.. Отмени свое дерьмовое эго!.. Наде-е-ется он!.. Посмотри на своего Учителя, учись, как надо хотеть!..
И бросает трубку.
Стою, пыхчу, возмущаюсь, ерепенюсь… хватаю трубку, чтобы позвонить ему, ответить, но не звоню.
Проходит полчаса, час…
И я думаю вдруг: Если бы была у меня цель не просто вылечиться, не просто стать здоровым, а вылечиться именно для того, чтобы потом с новыми силами преподавать, как мой Учитель, рассказывать людям о том, как нам всем соединиться, наконец-то, как научиться Любить… Тогда бы я не пикнул даже, поддался бы лечению как ребенок. А я?!..»

В общем, Геллер вылечил Учителя.
Врачи раскрыли рты.
Ни операции, на которой они настаивали, больше не требовалась, ни жидкость не надо откачивать.
Произошло чудо!
И Геллер сразу же исчез.
Словно появился только для того, чтобы помочь и исчезнуть.
Клиника в Раанане растворилась, будто ее и не было.
Прямо по Булгакову. Поиск в интернете ничего не

дал, друзья и знакомые прошерстили Голландию (он оттуда приехал), Москву, Китай… Бесполезно.

Время заканчивать.
Но прежде два впечатления.

Первое, которое никогда не забуду, – товарищи привезли меня на коляске на первый после аварии урок. Все сидели очень торжественные.
Вот-вот должны были привести Учителя.
Он ходил, опираясь на ребят. И вот его вводят.
Худой, бледный, на нем плащ висит, как мешок…
Видит меня, мы целуемся, и я плачу от счастья…
Это был особый урок. Лайтман говорил еле слышно.
Но каждое его слово оставалось в нас.
На этом уроке я понял, что такое Одна душа.
Учитель был слаб. Его хватило на один час.

Через два месяца мы возобновили наши радиопередачи.
Но теперь уже из дома Лайтмана.
Юра придумал такой микшер, что можно было вещать прямо из квартиры.
Меня опять же на коляске завезли на второй этаж.
Учитель сидел еще усталый, еще без сил…
Но помню точно, когда я понял, что все, беда миновала!
Раздались позывные передачи.
И я увидел, как мой любимый Лайтман медленно закрыл глаза…
Посидел так… посидел…
А потом, как в замедленной съемке, приблизился к микрофону…
И начал говорить.
И я почувствовал – всё! Теперь всё пойдет как надо. Мы победили.

И еще одну вещь я понял… Я понял, что не променяю ни на какие радости жизни ощущение единства, которое испытал.
Ощущение, перед которым меркнет все.

/ шма исраэль /

В 1996 году я решил уволиться с телевидения.
Это был мой последний рабочий день.
Снимаем мы мужичка, главного повара гостиницы «Дан Панорама», а в соседней комнате кто-то мычит.
Тут повар прерывается и кричит в стену:
– Папа, они тебя все равно снимать не будут!
Мычание прекращается.
Я спрашиваю:
– А зачем ему сниматься, Вашему папе?
– Он хочет рассказать о своей жизни, – говорит повар. – Может, сделаете вид? Так, для блезира поснимайте, чтобы у него давление не поднялось.
– Рабочий день закончился, – отрезает мой оператор
Ави и начинает собирать оборудование.
У них на телевидении это было железно – 7 часов работы, два обязательных перерыва. И на все «положить».
Собственно, поэтому я и увольнялся, ничего нового там уже нельзя было сделать.
Стало мне больно, достал я свою камеру-
мартышку и сказал сыну-повару:
– Мне торопиться некуда. Показывайте папу.

Заходим в полутемную комнату.
На кресле-качалке сидит старик и смотрит на меня круглыми глазами.
Повар говорит:
– Папа, познакомься, это самый известный режиссер.

– Это было сразу после войны, – начинает старик
еще прежде, чем я успеваю сесть.
– А это увидят люди? – подозрительно кивает на камеру.
– Обязательно, – говорю. – Это она выглядит, как мартышка. Но это профессиональная камера, дедушка. Говорите!
– Так вот, – рассказывает старик, – мы ездили по Польше, искали сирот. Мы постановили в нашем киббуцном движении, что должны успеть раньше религиозных. Те ведь тоже искали. Мы хотели, чтобы не заморочили они детям головы. Я-то знал, что такое религия, я жил и родился в Польше, в религиозной семье. Но вовремя одумался… Так вот, приезжаю я в один монастырь, под Краковом. Проводят меня к настоятелю. Говорю ему, так и так, я из Израиля, ищу детей – сирот, хотим их вернуть на нашу историческую родину. Он мне говорит: «Садитесь, попейте нашего чая травяного».

Сижу, пью чай, а он рассказывает.
– Да, – говорит, – есть у нас еврейские дети… скрывать не буду. Наш монастырь брал детей. Настоятеля соседнего монастыря повесили, когда узнали… Я тоже боялся… Но когда до дела доходило, не мог отказать. Сами посудите, приходят евреи в монастырь. Тихо, ночью, чтобы никто не видел. Стучат в окно. Открываю. Они заходят, с ними их сынок маленький, еле на ножках стоит. Завернутый в пуховый платок, только глаза видны. Возьмите, говорят, завтра нас увозят. И вижу, как мама ему личико открывает, волосики разглаживает и целует его, целует, чувствую – прощается. И знаю я… Они не вернутся… Ну, как тут не взять?! Беру.
– Спасибо вам огромное, – говорю настоятелю. – Вы настоящий праведник!
А он мне:
– И так, бывало, по 5-6 за ночь. Идут и идут. Я боюсь. Но беру. И братья в монастыре все про это знали. И молчали. Ни один не проговорился.
– Спасибо вам, спасибо, – повторяю, – вам и всем братьям монастыря… Спасибо, что сохранили наших детей.
– А теперь вы приехали их забрать, – он продолжает.

– Повезу их на родину, – объясняю.
А он мне говорит:
– А как вы их отличите, детей ваших?
– Что значит, как отличу? – спрашиваю. – У вас же списки остались?!
– Нет, – говорит, – нет никаких списков. Мы никаких списков не составляли. А если бы их нашли, не дай Бог?!
– Послушайте, – говорю, – спасибо за спасение детей, конечно, но я без них не уеду. Покажите мне их. Я их заберу. И все.
– Вы что ж, насильно их заберете?
– Почему насильно, я им все объясню…
– Они ничего не помнят, что Вы им объясните?
– Что у них были другие родители, – говорю, – что они наши дети…
– Мы их давно уже считаем нашими(!) детьми, – говорит.
– Но они наши дети!
– Докажите! – говорит.
– Есть у наших детей, – говорю, – одно отличие…
– Это наши дети! – говорит он жестко. – Никакой проверки я делать не позволю.
И встает.
И я встаю.
И чувствую, что за мной встает весь наш
многострадальный народ. И говорю веско:
– А ну-ка, ведите меня к детям.
– Хорошо, пойдемте, – отвечает спокойно. – Но на меня не надейтесь. Сами определите, где ваши дети. На глаз.
И приводит он меня в большой зал. В огромную спальню.

И вижу я там много-много детей. Белобрысых, чернявых, рыжих, – разных… Время вечернее. Ложатся спать.
Все дети причесаны, сыты, чистые личики, румянец на щечках. Сразу видно, с любовью к ним относятся.
Стоим мы посреди зала, и настоятель говорит мне:
– Ну, как вы определите, где ваши дети, а где нет?..
Молчу. Не знаю, что ему ответить.
А он мне:
– Если ребенок захочет, мы насильно держать не будем. Обещаю вам. – И продолжает… Просит. – Родителей своих они не помнят.

Вместо их родителей – мы. Не мучайте их. Оставьте здесь.
Тут проходит мимо чернявенький, я ему на идише говорю: «Как поживаешь, малыш?» А он мне по-польски отвечает: «Здравствуйте, меня зовут Иржи, я вас не понимаю».
– У всех польские имена, – слышу я голос монаха. – Все говорят только по-польски.
Их дом здесь.
И тут я окончательно понимаю, что ничего сделать не смогу. Насилием будет, если я стану искать их, объяснять, уговаривать… Даже если я определю, кто из них наши дети, они же не согласятся уехать!..
«Надо оставить все, как есть, – думаю. – И уходить».

Вот уже потушили свет. Вот уже все легли.
Поворачиваюсь, чтобы идти…
Смотрю на настоятеля. Он разводит руками.
Думаю: «Ну не в тюрьме же я их оставляю, им здесь хорошо…»

И тут… Откуда только все берется?! Впрочем, знаю, откуда!
Из детства…
Вдруг спрашиваю настоятеля:
– А можно я им только один вопрос задам?..
– Можно, говорит, задавайте.
И тогда я набираю воздуха в легкие.
И громко, чтобы все слышали, говорю:
– Шма Исраэль Адонай Элоэйну Адонай эхад.³
До сих пор, мурашки по телу бегут, когда это вспоминаю.
Вспоминаю, как все стихло…
Такая тишина наступила!
Гробовая тишина!
И вдруг у окна приподнялись две головки…
А потом у двери еще две… И у прохода одна…
Приподнялись и смотрят на меня… Смотрят и смотрят…
И вижу я их глаза – такие большущие, удивленные!
И тут спускают они ноги на пол.
И вдруг начинают ко мне бежать!

---

3   Слушай, Израиль: Господь– Бог наш, Господь один!

Как по команде.
Со всех сторон.
Стучат голыми ножками по полу и бегут-бегут.
И так, слету, втыкаются в меня.

А я плачу, не могу сдержать слезы. Обнимаю их, заливаюсь слезами!.. И повторяю все время:
– Дети, мои дорогие, вот я приехал, ваш папа! Приехал я забрать вас домой!..
Смолкает старик.
Вижу, как дрожит у него подбородок.
– Не было дома, чтобы не знали мы этой молитвы, – говорит. – Утром и вечером повторяли: «Слушай Израиль, Бог наш, Бог один…» Жила она в сердце каждого.

Снова молчит.
Я не прекращаю съемку.
Вижу, это еще не конец.
И действительно… он продолжает.
– Оглядываюсь я, – говорит, – стоит этот мой настоятель. И так у него голова качается, как у китайского болванчика. И он тоже еле сдерживается, чтобы не завыть.
И дети вдруг, вижу, разворачиваются к нему.
На него смотрят, на меня оглядываются… снова на него… на меня…
И вдруг начинают к нему пятиться…
А я молчу. Сказал себе, что буду молчать. И все!.. Пусть сами решают.

И тут вдруг настоятель говорит:
– Дорогие мои дети, как я счастлив, – говорит, – что вы возвращаетесь домой.
Они останавливаются.
Вижу, он еле выговаривает слова…
– Все исчезнет, дети мои, – говорит, – вот увидите! Не будет религий, наций, не будет границ. Ничего… Ничто не будет разъединять нас. Любовь только останется, – говорит.
И вдруг делает к ним шаг, обнимает их… И улыбается! Улыбается!..
– Любовь и есть религия, – говорит. – Возлюбим мы ближнего, как

самого себя… не меньше – не больше. Возлюбим!.. Как самого себя!..
Вот тогда и раскроется нам, что есть только Любовь. Что Творец,
Он – Любовь, дети мои! Любовь!.. А мы все – семья… Весь мир, дети
мои – большая семья!..
И замолкает…
Дети стоят, молчат. Я молчу. Все мы молчим…
– А я к вам обязательно приеду! – говорит он. – Обязательно приеду,
а как же!.. Вы только не забывайте нас там, дома.
Потом поворачивается и уходит. Спотыкается
у выхода, чуть не падает.

– Так я их и привез сюда, – говорит старик. – Двенадцать мальчиков.
Всех мы воспитали в нашем киббуце. Я ими очень гордился.
…Трое погибли в 73-м, в войну Судного Дня. Тяжелая была война.
Йоси сгорел в танке на Синае. Арье и Хаим прямым попаданием…
Еще один, Яаков, женился на Хане… Такая была свадьба веселая!..
А через три года… в автобусе в Иерусалиме… это был известный
теракт… подорвались.
Настоятель приехать не успел…
После этих слов старик замолчал.
Я понял, что съемка закончена.

…Я уехал из этого дома уже поздним вечером.
Сын-повар приготовил такой ужин, какого я в жизни не ел.
Я обещал, что смонтирую очерк и привезу им.
Назавтра была срочная работа, я завершал свое пребывание на
телевидении.
Они выжимали из меня последние соки.
Через неделю я решил просмотреть материал.
Вытащил кассету…
Пусто…

Испугался. Стал вертеть туда – сюда, проверил, где только
можно, даже поехал к своим ребятам-операторам…
Подумал, может, у меня что-то с головой.
Одни мне сказали, что забыл включить на запись.
Другие, что, может быть, кассету заклинило.

Третьи, что эту камеру «JVC» надо выкинуть…
В общем, не снялось ничего…
Вечером позвонил повару. Долго готовился к разговору.
Он выслушал меня. Потом сказал:
– Знаете, я Вам очень благодарен.
Вот тебе раз! – думаю.
А он говорит:
– За то, что остались, выслушали его, – а потом вдруг говорит, – отец мой сейчас в больнице, похоже, что осталось ему несколько дней жизни. Но он лежит тихий, как ребенок, не стонет, не кричит, улыбается.

***

Прошло много лет с тех пор. Честно говоря, потом я слышал много подобных историй о том, как дети вспоминали молитву. Истории были похожи до мельчайших деталей.
Я даже подумал грешным делом, что старик все это придумал…
Но не давал мне покоя настоятель того монастыря.
– Идеалист, утопист, фантаст, – думал я о нем. – Куда там этому миру до любви!.. А тем более до одной семьи.
Не отпускали меня его слова.
Пока я не нашел доказательства, что так все и будет.

/ как бы так испугаться... /

Он мне позвонил, потребовал срочной встречи, и я не смог отказать.
Встретились.
Передо мной сидел человек, очень усталый, где-то моего возраста.
Сразу сказал:
– Я не сплю две ночи, не могу.
Я сказал:
– Извините, у меня мало времени.
– Читаю Ваш блог.
– Хорошо.
– Прочитал статью Вашего Учителя. После этого решил с Вами встретиться.
– Что Вас там поразило?
– У Вас есть час времени?
– Вы извините, у меня от силы 15 минут.
– Попытаюсь уложиться.
Он стал рассказывать.
Разговор наш длился полтора часа.

– Я был женат уже три года, – начал он. – В 2001 году, в июле, Аня сообщила мне, что она беременна. Сказала это во время очередного нашего скандала. Сначала думал, что это уловка, потом понял, нет.

В сентябре приехали в Нью-Йорк, в гости к моему другу.
Она мечтала побывать в Нью-Йорке, я решил сделать ей подарок.
Там мы скандалили почти каждый день.
Просто ни на чем возникали ссоры.
Она была очень взрывная, особенно беременная. Не жалела меня.

Я тоже ее не жалел.
Но отходили быстро, обнимались, гуляли по улицам, она купила себе голубое платье, надела тут же, в магазине, и пошла.
Как сейчас помню – идет, вся просвечивается, я ей говорю: «Ты просвечиваешься», она смеется.
Люди оборачивались, мы обнимались, нам было тогда по 35.
Забыл сказать, мы одноклассники, с первого класса вместе, представляете?

Я откровенно посмотрел на часы, он это увидел и сказал: «Постараюсь быстрее».
Вздохнул, я видел, ему не просто.
– В этот день мы рано утром поехали в офис к ее подруге, – продолжил. – Это была вульгарная особа, я ее не любил, она вышла замуж, уехала в Нью-Йорк, хорохорилась, но я-то знал, что она тоскует по Израилю.
Уже по дороге туда мы начали ругаться.
Она сидела, закинув ногу на ногу, и еще покачивала ногой.
Я ей сказал: «Опусти ногу, это неприлично».
Она не ответила, не только не опустила ногу, а начала бить по самому больному, как всегда.
Сказала: «Ты должен начать зарабатывать, как следует».
Я возмутился: «Я что, плохо зарабатываю?»
Потом она сказала: «Сколько можно жить на съеме?..» Я ответил: «Полстраны так живет». Ну, и закончилось все моей мамой.
Я рос без отца, отец умер, когда мне было восемь лет. Мама ее раздражала, она мне сказала: «Ну и женился бы на своей мамочке!»
Помню мысль свою – как же я тебя ненавижу!?
Было желание встать и выйти на первой же станции, мы ехали в метро…
Но не вышел.
Как-то доехали.
Как-то поднялись на 89 этаж.
И тут появилась ее подруга, она явно похорошела, они обнялись.
Она долго жала мою руку и смотрела мне в глаза.
Моя Аня вдруг сказала: «Бери его, хочешь?!»
Та тут же ответила: «Хочу!»

Я сказал: «Вы что, бабы, обезумели обе?!..»
Он вдруг замолчал.
Я не понимал, для чего он мне рассказывает всю эту ерунду о его отношениях с женой и этой ее подругой.
– Вы знаете, я действительно не могу больше, – сказал ему. – Мне надо идти.
Я был раздражен, он это заметил, я даже встал резко.
А он взмолился:
– Очень вас прошу, немного совсем осталось.
– Пять минут, – сказал я. – У меня действительно нет времени.
– Хорошо, – он ответил. И снова замолчал.
Я подумал:
– Ну, что его так гложет, черт возьми?!
Он продолжил:
– Я обозвал их шлюхами, сказал, что терпеть их не могу. Сказал жене: «Ты получаешь наслаждение, унижая меня, почему? Почему ты это делаешь перед посторонним человеком?!..» Вы понимаете меня?
– Понимаю, – торопливо ответил я.
В общем, я хлопнул дверью и вышел.
Когда заходил в лифт, видел, как Аня выбежала из офиса, чтобы остановить меня.
Но я не остановился… идиот!..
Вышел из здания. Звонил телефон, я не ответил, знал, это она звонила… моя Аня.
Не ответил я, понимаете?
Решил выпить пива.

Он вздохнул и снова замолчал.
Я протянул ему руку: «Извините, я ухожу».
И тогда он сказал:
– Я отошел от здания, ну, может быть, метров сто. Сто пятьдесят… Вдруг увидел перед собой вытянутое лицо негра… Потом открытый рот женщины… Еще отметил – какая у нее яркая помада… Они смотрели за мою спину.
И вдруг услышал крик рядом…
И услышал: бу-у-ум-м-м!
Это было, как голос Бога, бум-м-м-м!

Все схватились за головы...
Я обернулся...
Здание... это здание... оно рушилось на моих глазах.
Я не увидел того самолета, который все время показывали потом в новостях.
Но я увидел, как исчезает здание.
И все, кто в нем.
...И моя Аня.

Теперь уже я повернулся к нему. Ждал, что он продолжит...
А он смотрел на меня и молчал.
– Вот так ее не стало, – сказал он.
– Это... – начал было я...
– Это правда все, – сказал он. – Я ушел, ненавидя. А она осталась. Она еще бежала за мной, хотела остановить. Думаю, хотела сказать, что пошутила, что не со зла. Что беременна, поэтому ей простительно. Но уже не узнаешь, что она хотела сказать.
Он сказал:
– Ведь там все сгорели, Вы знаете... Я еще три месяца был там. Сначала не мог поверить, потом простить себе не мог, потом бродил, как пес, пытался найти хоть какие-то ее следы. Была у нее заколка, из чешского стекла, думал, найду, искал-искал... Меня уже все знали там, и полицейские, и пожарные, сначала не пускали, потом жалели... Там таких, как я, было много...
Ничего не нашел.

Я молчал. Но, помню, вдруг у меня возникло такое преступное желание спросить его фамилию. Вдруг засомневался – а если он врет?! Я даже почувствовал, что вот-вот спрошу...
Но он опередил меня.
– Я фамилию Вам не скажу, – проговорил он.
Я опешил. Он читал мои мысли.
– Потому что я уже семь лет как женат. Моя новая жена, Лена, не знает о моей прошлой жизни. Я решил ничего ей не рассказывать. У нас растет дочь. А вдруг Лена прочитает обо мне... Я очень хочу, чтобы Вы написали это в вашем блоге. Мне нравится Ваш

блог, я его перечитываю много раз. Не ради рекламы пишу, он так сказал. – Напишите, что нельзя откладывать «на потом».
Что нельзя ждать дни и годы, если поссорился, если ненавидишь. Надо сразу, через боль, через всю ненависть... сразу...
Если бы я тогда остановил лифт. Вышел. Сказал бы ей: «Я понимаю, Аня, я понимаю, что ты сейчас не в себе. И я тоже. Знаешь, что нам надо? Нам надо сейчас обняться и все забыть».

Я видел, он говорит с ней. Смотрит на меня, а говорит с ней.
Длилось это не долго.
Вдруг я почувствовал, теперь он смотрит на меня.
– Напишите об этом, – попросил он. – Я прошу вас. Мне это очень важно. Напишете?
– Напишу, – ответил я.

– Ваш Лайтман говорит: «Мы эгоисты, мы не принимаем другого». Я это понимаю. Он говорит: «То, что мы эгоисты, это не сотрешь никак. Это наша природа». Это я тоже понимаю. Он говорит: «Над всей этой ненавистью нам надо строить мосты». «Все прегрешения покроет любовь», – он говорит, ваш учитель...
Почему я раньше этого не слышал?!.. Почему?!..
Ведь это так понятно. Что ненависть надо покрывать любовью!..
Что над ненавистью – любовь... Над скандалами – любовь...
И нельзя откладывать ни на минуту. Нет! Унизил, укол, оттолкнул, обидел!... Остановись... Обними... Не откладывай!
Он вдруг зажмурился. И сказал:
– Если бы можно было все вернуть!.. Сколько бы я дал за то, чтобы все вернуть!..
Потом он долго молчал, и я уже не торопил его. Что я мог сказать? Что мог добавить? Ничего. Ждал.
– Ненависть рождает несчастья, – сказал он
вдруг. – Как бы так испугаться?!
Поверьте, я до сих пор помню его взгляд...
– Что это все из-за меня? – он проговорил это очень медленно.
Я почувствовал каждое его слово.
Снова была большая пауза.
Наконец, он вздохнул. И теперь уже сам посмотрел на часы.

– Мне надо дочку забирать из школы, – сказал. – Я пойду. Извините, что задержал вас. Но если бы я тогда это все знал и так чувствовал, то нашему с Аней сыну было бы уже 15 лет. Аня хотела назвать его Давидом. В честь моего папы.
Он протянул мне руку первый. Пожал и тут же пошел к выходу.

Я долго еще там стоял. Почему-то уже никуда не спешил.
Думал и понимал, он не мог выдумать такую историю, вернее, он не мог ее так сыграть, если бы выдумал.
Вернувшись, я рассказал об этой встрече моему Учителю.
Он не удивился истории, сказал: «Надо было тебе его к нам пригласить в гости».
Я понял вдруг, что ни телефона его не взял, ни адреса.

Поэтому, дорогой мой, знаю только Ваше отчество – Давидович.
Если Вы читаете сейчас эту свою историю, позвоните, а?!
Но даже если не позвоните, спасибо Вам.
Я и себе, и вам, и всем очень желаю так жить – покрывая любовью все прегрешения.
Знаю, не просто. Знаю, не сразу. Но по-другому, похоже, нельзя.

/ я, коля, дождь, евреи /

Мне было 5 лет. Грузчик из нашего продуктового магазина загнал меня в угол, замахнулся палкой с двумя ржавыми гвоздями на конце и сказал:
– Мало вас Гитлер вешал, жидов пархатых!…
Впервые я слышал «жиды» и «пархатые»…
Я тогда не знал, кто это… Все время потом думал, за что он меня так ненавидит?!
Не вмешивалась, сидела на ящике у «черного» входа в магазин молодая продавщица. Я ее хорошо знал, она мне иногда давала конфеты «кис-кис» просто так, без денег.
А сейчас она сидела, положив ногу на ногу, и таинственно улыбалась.
Это было еще страшнее…
Неужели она не видела, что это меня он будет бить.
И что на конце палки два ржавых гвоздя…

Дальше была целая жизнь.
Где в большинстве встречались мне замечательные люди.
Где была дружба, любовь, армия, завод, кино…
Все забылось… забылось, да…
И вдруг вспомнилось.

Позвонил мой друг Алик, попросил зайти в Гайдпарк, посмотреть, что про нас пишут. Дал адрес.
Я зашел…
Лучше бы не заходил.

…Много ненависти. Особенно в комментариях.
Не жалеют ни нас, ни друг друга.
Не любят евреев…
А Израиль хотят просто стереть с лица земли, забетонировать…
вместе с евреями (так и написано). То есть вместе с моими детьми,
внуками, внучками, друзьями, со всем этим непростым народом.

Мне надо ответить.
Ответить на два вопроса.
Первый – почему не получится Израиль забетонировать?
Второй – почему не получится окончательно
решить еврейский вопрос?
Не потому, что евреи принесли миру столько открытий, лауреатов,
героев и так далее…
Это давно уже никого не убеждает.
И не вспоминается об этом.
Не потому, что у евреев вся история такая… Все время все
хотели решить еврейский вопрос… убивали-убивали, и никак не
получалось добить…
Нет.
Есть другая веская причина.

…Я тогда учился на Высших сценарно-режиссерских курсах.
И учился вместе со мной Коля, замечательный парень, очень
талантливый.
Мы не были близки, но симпатизировали друг другу.
И однажды напились.
Просто погода была такая, просто настроения совпали, просто все
разъехались на каникулы, а мы почему-то застряли в общаге.
И вот под ливень за грязным окном мы выпиваем.
И хорошо идет.
И закуску нашли – частик в томате, кажется.
И есть о чем говорить – кино, наши планы, надежды, ну, сами
понимаете…
И вдруг он замолкает, пристально на меня смотрит.
И говорит:

– А теперь давай поговорим о вас, об евреях.
Я ему:
– Только не это, Коля!
Он мне:
– Обязаны просто.
Я ему:
– Коля, не надо, поссоримся.
Он мне:
– Ты что, не хочешь знать правду?
– О том, что я – еврей хороший, а вся моя нация – говно?! – говорю.
– А вот и не угадал! – отвечает.

Надо учесть, что мы действительно прилично выпили.
Но эту беседу я не забыл. Потому что она имела серьезные последствия.
Коля говорит:
– Вы, евреи, весь мир за яйца держите.
Я пытаюсь встать, он меня усаживает.
– Ты знаешь, что вы не нация?! – спрашивает.
– А кто мы? – говорю. – Крысы?.. – Вспоминаю, вчера на курсах показывали немецкую пропаганду тридцатых.
– Нет. Вы не крысы... – и даже испуганно добавляет. – Почему это крысы? Кто сказал?! Я не это хочу сказать, ты что?! Я хочу сказать, что все нации – как нации, а вы не нация.
– А кто мы?! – обижаюсь.
– Нации землей определяются, географией...
– А мы чем?
– Идеей.
Молчу. Жду подвоха.
– Идеей, – говорит.

Он первый мне это сказал, тогда, в восьмидесятых, когда в холодной общаге не было ни души, в окно бился дождь, и сердце щемило от какой-то необъяснимой грусти... Может, потому что подняли эту тему, которую никогда не хотелось обсуждать.
Но он первый мне сказал:

– Вы народ идеи! И какой идеи!.. А хотите быть, как все?!
– Я предпочитаю, чтобы в паспорте было написано «советский человек», – говорю.
– Вот вам! – показывает мне кукиш. – Это видел?!
Я качаю головой, язык заплетается, выдавливаю почти со злостью:
– Ты не знаешь, что значит быть евреем!..
– А ты знаешь, что значит быть евреем?! – спрашивает. – Откуда вы?! Ты знаешь?! – Он приближается ко мне и резко, как на допросе, спрашивает: – Откуда вы, евр-р-реи?!
– Не очень интересовался… Из Египта, – отвечаю.
– Ответ не правильный, – говорит, – из Вавилона.
– Ну и что? Какая, к черту, разница?!..
– Когда в Вавилоне вокруг идолов прыгали, Авраам сказал, – да положил я на ваших идолов, есть Один Бог и все. Одна Сила есть… И точка!.. И надо жить так, как этот Бог хочет. А хочет Он, чтобы жили мы все в единстве и любви! В единстве и любви, понятно?! А они не хотели так жить. Они не приняли его, Авраама, они его послали. Слышал об этом?
– Ну… слышал… что-то… – ответил «слышал», потому что стыдно было, что ничего не слышал.
– Но были те, кто услышал его, были! Они пошли за Авраамом. Их и назвали евреи.
– Почему?! – спрашиваю. – Они ж из Вавилона вышли, значит, они – вавилоняне?!
– Если пошли за Авраамом, то евреи, – ответил
Коля веско, но объяснить не смог.

Потом я узнал, что их назвали евреями, потому что прозвище Авраама было «иври» – перешедший, в переводе. Перешедший от служения идолам к служению этому Закону, который всем и управляет, – Закону Единства. Было это… страшно подумать, около четырех тысяч лет назад.

Все это я потом узнал. А тогда я его спросил, Колю:
– Откуда ты это знаешь?
– А я вас изучаю, – он ответил, – я не животный антисемит, я антисемит другой.

– Так ты антисемит?! – говорю. – Коля, мы же с тобой из одного стакана пьем?!..
А его прямо разрывает:
– Вы за идеей Авраама пошли, а не за бабками… за Идеей!.. А не за бабками! И потом жили по этой идее!..
Я вдруг увидел, как это все он переживает!.. По – настоящему!.. Даже голос у него дрожал.
– Когда ничего, никаких религий не было, вокруг одни варвары и язычники, вы уже тогда по Закону жили! Самому крутому! Наикрутейшему! «Возлюби ближнего, как самого себя!» – говорит. – Ты хоть об этом что-то слышал?!.. Никто по этому Закону не жил. А вы жили. Никто никогда так не жил! Только вы так жили! Вы жили!.. – он уже кричит мне в лицо. – Жили!.. Вот это вы и должны людям показать… Как, чтобы так жить!.. Вот поэтому я антисемит сегодняшний. Покажите!.. Зачем вам этой херней заниматься?! Зачем вам эти бабки говняные, зачем?! Покажите, как вы смогли так жить… Что вам там Авраам говорил?!
– Да откуда я знаю?! – говорю.
– Знаешь! – крикнул он мне в лицо.
– Откуда я знаю! – кричу в ответ.
– Мы из вас это должны вытянуть, – он хватает меня за грудки. – Я тоже хочу так жить!.. – кричит. – Я так никогда не жил! А я хочу так жить!..
Я пытаюсь отбиться. Кричу:
– Ты все это придумал!.. Где ты видел, чтобы так жили!
– На вас, – кричит, – еврейская твоя морда! Обязанность на вас! Так жить! И мне показать! – кричит. – Чтобы вместе!.. Чтобы ты и я!..
Кричит… И вдруг хватка его ослабевает.
И вижу, плачет.
Ну хорошо, пусть мы напились, но не от того он плачет.
От боли, говорю вам, от боли. От такого желания, что не передать.
А потом он садится. И смолкает.
А я стою, не знаю, сесть или уходить…
И лопочу что-то такое, типа:
– Да откуда я знаю, да какой я еврей…
А он молчит…

Прошло 25 лет с тех пор. Я постарел, поседел, но я никогда в жизни не забуду тот дождливый день, когда мой друг Коля, украинец по национальности, философ по духу, актер, режиссер, сценарист по профессии, рассказал мне, еврею, кто я, откуда взялся и зачем вообще пришел в этот мир.

Мне уже не отблагодарить Колю.
Он умер от рака три года назад.
Он успел получить много призов, его признали, он ведь очень талантливый был парень!
Не знаю, рассказывал ли он еще кому-нибудь
об Аврааме и евреях, или только мне.
Но он пробил мне сердце.
Я начал рыть.
В России ничего не нашел.
Через несколько лет уехал в Израиль, и в
1995 году мне посчастливилось.
Раскрылся мне грандиозный сценарий с Авраамом, евреями, всеми народами мира и всеобщей тоской по Единству.
Но об этом в следующих историях.

/ жизнь, прожитая зря /

Застал меня дождь в центре Тель-Авива.
Осень, дождик, чего тут особенного.
Но стою, не могу с места сдвинуться.
Пробирает меня абсолютно точное ощущение, что все это уже было.
Именно такой дождик, – мелкий, теплый, хороший…
Я тогда так же стоял без зонтика. А зачем он нужен?
Справа был магазин канцтоваров, – вот он, кстати…
Напротив, на вывеске, не светилась буква «алеф», – вот она, не светится.
А на противоположной стороне…
На противоположной стороне стояло странное дерево, похожее на девушку в развивающемся платье – вот, стоит.

Было это 18 лет назад.
Не хотелось трогаться с места.
Вспомнилось…
Я ушел с телевидения, искал работу… тосковал…

…Я повернулся и быстро пошел по улице.
Я знал, куда иду.
Пока шел, думал: «Ну этого не может быть. Иду так, просто, для очистки совести, чтобы убедиться, что этого не может быть…»
Додумать не успел. Остановился перед полуподвалом.

Без вывески, без ничего.
И с ужасом подумал: «И царапина эта на месте…»
На двери, в самом углу, сверху, виднелась едва заметная царапина.
Лет 18 назад я помогал хозяину Диме затаскивать сюда шкаф…
– Боже мой!..
Я вошел.

Передо мной открылись те же полки с книгами.
Клянусь вам, на том же месте стоял десятитомник Пушкина.
Это был магазинчик русской книги в самом центре Тель-Авива.
Когда-то мы сюда сносили привезенные нами книги.
Дима скупал все.
Потом наши дети освобождались от наших библиотек.
Дима был счастлив.
Я тогда часто приходил сюда, прячась от мира.
Усталый от поиска работы.
От тоски, которая наваливалась…
Звонили родители, просили вернуться.
Звонили друзья, из Москвы, Питера, Свердловска…
Поздравляли с премьерами моих фильмов.
Которые проходили без меня.
Я садился между полками и замирал над книгой.
Иногда на целый день.
Дима позволял мне.
Тогда еще звучали голоса в этом полуподвале.
Прошло 18 лет.
И вот я снова здесь.

…Как же он сохранился, этот островок ностальгии?!
В нынешнем обилии богатых книжных магазинов?
Кому нужны сегодня наши старые, обветшалые книги?!..
Стояла гробовая тишина…
– Эй! – зову.
Тишина.
– Эй!
Никого…
Иду вглубь.

Все здесь знакомо, но уже видны признаки конца.
Пачками стоят по углам книги, раньше такого не было.
Валяются на полу. И, видно, давно уже, – все в пыли…
Перешагиваю через Карамзина и Мельникова-Печерского…
И упираюсь в стену.
Через полки вдруг вижу фигуру человека.
Он сидит, сгорбившись, читает в темноте.
Маленький такой, в самом углу сидит.
На низкой лесенке.
И читает.
Я кашлянул.
Он не услышал.
Я снова кашлянул…
И тогда он поднял голову.
Это был Дима.
Только очки у него стали с большими линзами.
И поседел, конечно.
Но такое же детское наивное лицо.

Он вытащил из ушей беруши…
И посмотрел на меня.
Я сказал:
– Дим, это я, не помнишь меня?
Он сказал:
– Сеня.
Я перелез через полку. Мы обнялись.
Хотя никогда не были близки.
Я сказал ему:
– Я думал, тебя уже давно нет. То есть, вот этого всего…
Он сказал:
– Вот, не могу оставить.
Я сказал:
– Как ты умудрился сохраниться?
Он сказал:
– Сам не понимаю.
Я спросил:

– Есть покупатели?
Он ответил:
– Давно нет.
– За счет чего ты держишься?
– Подрабатываю.
Я сказал:
– Зачем, Дима, зачем!?
Вдруг он посмотрел на меня, как ребенок и ответил тихо-тихо:
– Думал, вытяну... Думал, будут приходить... Но не приходят. Мне осталось три дня. У меня отбирают магазин.
Я стоял, не знал, что сказать ему.
Он добавил:
– Просто нечем платить уже.
Повторяю, мы никогда не были с ним близки.
И когда он сейчас выговаривался передо мной, мне было неудобно...
Сказал, чтобы как-то подбодрить его:
– Это было лучшее место, Дима.
Он сказал:
– Лучшее место моей жизни.
Я увидел, как заблестели его глаза.
Он еле сдерживался.
– Ну, что ты, Дима?! – сказал я...
– А что я буду делать? – спросил он.
– Больше времени уделять семье, – сказал я.
– Дети давно выросли. Жена ушла, – ответил он.
– Найдешь другую работу, – говорю.
– А мне не нужна другая работа.
– Но ты же не можешь вот так жить – прошлым.
– А я не хочу этим настоящим жить, – отвечает.
– Так ведь заберут же, сам говоришь, через три дня...
– А я не отдам! – вдруг говорит жестко. – Лягу вот здесь, у порога, пусть со мной делают, что хотят?!
– Дима... Дима, – говорю, – у какого порога?!..
Он вдруг сел.
– Тогда я не знаю, что делать.
– Пойдем ко мне, – сказал я. – Посидим, выпьем, подумаем...
– Нет, я не могу уйти, – сказал он. – Они опечатают магазин. Они

только и ждут, чтобы я отсюда вышел…
Вдруг оживился. Снова встал.
– Мне нужны деньги, – сказал он. – Совсем немного. Копейки. Я уплачу, меня оставят в покое… Хотя бы за месяц заплатить…
– У меня нет денег, – сказал я. – Таких.
– Достань, – попросил он.
– И что будет дальше?!
– Я продержусь месяц.
– А дальше?
– Найду еще…
– Зачем? – спросил я. – Зачем тебе это?!.. Ты ведь не сумасшедший! Здесь никого нет, кроме тебя.
Он посмотрел на меня. И сказал, недоуменно:
– Это моя жизнь.
Я замолчал.
И он молчал.
Молчал и грыз ногти.
Ушел в свои мысли.

Я понимал, что он думает, где достать деньги.
Меня для него уже не существовало.
Я смотрел на него. Передо мной сидел пожилой, усталый, измученный человек.
Закрывшийся в этом подвале от жизни.
Он не заметил, как давно уже все ушли.
Покупатели. Друзья. Дети. Жена…
Он словно не хотел знать, что где-то там живут люди. Умирают, любят, страдают… Там!
Что я мог предложить ему взамен?
Я бы хотел увести его отсюда, но не мог.
Я бы хотел сказать ему: «Ты живешь для себя, Дима. Ты никому такой не нужен».
Но как я мог сказать ему такое?!
Передо мной проплывала одинокая жизнь…
Растраченная на себя.
В которой была боль.
За себя.

Страх.
За себя.
Печаль… забота…
Только и только о себе.
Что я мог сказать ему?!
Да ничего!

Я двинулся к выходу.
– Пока, Дима…
Он даже не повернул голову в мою сторону.

Я шел по улице.
Дождь прошел.
И даже было прохладно.
И уже зажглись окна.
Шел и думал о Диме…
Нет, не о Диме я думал.
О себе.
Я увидел в нем себя.
Закрытого. Обиженного на других. Живущего в своей правоте.
Одинокого. Гордого. Оберегающего себя… от других.
Нехорошо мне стало.

Я понял, для чего мне прокрутили этот грустный фильм.
Для того, чтобы я вспомнил сейчас… Дома ждет меня моя жена Нина, и я давно уже не говорил ей теплых слов. Мой сын Илюша, мои внуки и внучки, мои любимые друзья, которые охраняют меня великими мыслями, о том, что единственная работа, которую человек должен сделать в этом мире, – это научиться любить ближнего.
Больше нет ничего. Все остальное блеф и игра в солдатики.

/ как я стал
на колени /

Ходил, ходил вокруг компьютера. Уже написал название, и все, что было, помню, а не пишется. Дело в том, что историю эту я никому не рассказывал. Даже для жены и сестры она будет неожиданной. Почему? Ну, 17 лет назад не хотел раны бередить, ни им, ни себе. А потом... а потом как-то неудобно мне было ее рассказывать. Ведь я встал на колени.

Оглядываюсь... 1979 год. Ноябрь. Собачий холод.
Призывной пункт на окраине Питера.
Мы бродим по двору, как зеки.
За высоким забором извелись уже наши родители. Им не говорят, куда нас везут. На все вопросы майор Козява (надо же какая фамилия!) только водит белыми глазами и надувает щеки. Понятно – далеко везут. Я, подстриженный под ноль, зверею от холода. Ботиночки, у придурка, на тонкой подошве. Я бы сейчас за валенки жизнь отдал. Но где их возьмешь?!
И вот бегаю от забора к забору и точно знаю, что завтра буду хрипеть, послезавтра 38 и 7, а потом сопли – это уже на неделю, не меньше. И в соплях я уже буду не дома, а где-нибудь на полуострове Рыбачьем, не дай Бог!
И тут слышу я папин голос:
– Сынок, держи. Оп-па!
Через забор ко мне летит сокровище – счастье, мечта!.. – утепленные финские сапоги! Любимые папины!
Ах, как он ими любовался! Как примерял, как прохаживался в них по дому, когда мама их купила.
А мама гордо, уже в который раз, рассказывала нам:

– Значит, подхожу я к «Пассажу», а там сапоги финские дают. А у меня Мотик раздет (так она папу звала). Очередь – два километра, через 10 минут у меня совещание в главке… – оглядывает нас, делает паузу. – И я остаюсь.
Вот так наша героическая мама не попала на совещание в главк, а купила папе финские сапоги, которые сначала легли ему на душу, а потом спасли меня от соплей. Через неделю они перешли в собственность сержанта-дембеля Алексюка, так я предполагаю. Но это было уже в части, в Архангельской области.
Для мамы – Мотику, для заводских – Матвею Львовичу (был он заместителем директора большого завода), а для меня – самому дорогому человеку на свете, моему папе, было тогда, как мне сегодня, – 54. С ума сойти!..

Это благодаря ему я родился. Мама не хотела второго ребенка. Папа сказал: «Тогда моей ноги в доме не будет».
Когда я родился, он стоял пьяный под окнами деревянного роддома и плакал от счастья.
Мое первое слово было не «мама», а «папа». Мои первые переживания я делил не с мамой, а с ним. Мучащий меня вопрос: «А хороших людей больше?» – я задавал ему.
Помню его спину, когда он вез меня на санках, мне было тогда три года.
Помню его лицо, когда он провожал меня в Израиль (в то время провожали навсегда). Мне уже было тридцать три. Помню его глаза, когда встречал меня уже со вторым обширным инфарктом, знал, долго не проживет… Помню… Это мой папа.
Он берег меня. Все, что у меня есть хорошего, – от него.

В 1995 году я ехал его хоронить.
Год был и впрямь поворотный.
За месяц до этого я похоронил Мишу в Америке – сына моего близкого друга.
И вот, прихожу домой, звонок от мамы:
– Ты только не волнуйся… Папа умер.
Я сел.
Хотя и знал, что он долго не продержится, но все равно не ожидал.

Я молчал, а мама говорила:
– Был хороший вечер, – говорила она спокойно. – Мы открыли окно. Сидели, как в молодости, он меня обнял. Смотрели «Вечер Пахмутовой», и вдруг он говорит: «Что-то мне не хорошо, Роза». Закрыл глаза и ушел.
Так она и сказала «ушел»...

Уезжал я с тяжелым чувством. Жена волновалась, все в глаза заглядывала, говорила:
– Сеня, учти, они тебя ждут сильного, – это она о маме и сестре моей говорила. – И вообще, ты же знал, что это вот-вот произойдет...
– Знал, – отвечаю.
– И умер он легко, – говорила Нина. – Так только праведники умирают, раз и все...
– Да, – отвечаю я. – Да.

Уехал задумчивый. Жену не сумел успокоить. Просила тут же перезвонить, из Москвы. Обещал.
Прилетел в Москву с опозданием. А мне еще до Белгорода добираться, ночным поездом. Мама и сестра из-за меня задерживали похороны до завтрашнего полудня.
До поезда несколько часов, надо успеть перебраться из Домодедова на Курский вокзал.
Тороплюсь и сразу же делаю ошибку, – сажусь в частную машину. И ведь предупреждала ж меня Нина, жена моя, – только не садись, говорила, к частнику! Не садись! Бери такси.
Веселый водитель, услужливый такой, подхватил мои вещи (чего там было подхватывать, – одну сумку!), бросил ее в машину, газанул. Он подмигивал всю дорогу, улыбался, на самом деле сразу не туда поехал.
Через 10 километров вдруг свернул с трассы и остановился.
Я спросил:
– В чем дело?
Он сказал:
– Приехали.
Сзади осветила фарами машина, прижала нас.

Я уже понял, что произошло, но соображал медленно. И куда тут убежишь, темный лес, на дороге никого. В этот момент мысли были не о том, что убьют-разденут, думал: «мне через час надо быть на вокзале», «меня ждут мама и Галя», «папы уже нет».
«Нине не позвонил… будет волноваться»… И еще, точно помню, проскочила мысль: «Если что-то со мной произойдет, то Бога нет».
Я вылез из машины. Их было пятеро, включая моего водителя. Он по-прежнему улыбался, скотина!
Сняли с меня куртку, взяли все деньги и хотели отъехать. Я стал их упрашивать.
Я говорил про отца, что не успеваю, что ждут меня мама, Галя, весь завод! Не хоронят из-за меня. Не слушали. А я говорил и говорил, что папа был моим самым любимым человеком, что ему было только 67 лет. Господи, для чего я это говорил?! Я умолял их, умолял и в тоже время начинал понимать, что не могу ничего сделать. Я нес уже какую-то чушь, уверял, что перешлю деньги им, куда скажут, только чтобы довезли меня.
Они повернулись.
Я попытался задержать последнего.
Он толкнул меня, не ударил, просто оттолкнул, и я свалился куда-то в грязь. Почему-то долго не мог подняться…
А когда поднялся, вдруг навалилось такое безразличие, такая тоска…
Сразу почувствовал, стою на ватных ногах и не могу с места сдвинуться.
Они сели в машины, хлопнули дверцами. Я уже понял – их не остановить. Понял, что остаюсь один, без денег, ночью…
…А поезда уходят по расписанию.
Машины начали разворачиваться, мелькнула
рожа моего улыбчивого шофера…

…И я встал на колени.
Нет, я не был героем в этой встрече, не бросился наперерез машинам, не закричал: «Стойте!»
Просто встал на колени на обочине, в стороне, так и стоял.
Они отъехали…
А я стоял. Просто я не знал, что делать. Отключило волю. Не было

никаких чувств, как сейчас помню. Стоял и стоял.
Сколько времени прошло, не знаю. Минута, а может десять…
Слышу, они возвращаются.
Притормозила машина. Поднимаю глаза. Стоит передо мной, похоже, их главный, – худой, на вид болезненный, лет сорока. Молча протягивает сто долларов (а взяли пятьсот)… и смотрит на меня.
Я эту паузу никогда не забуду и взгляд. В нем не было никакой злости. У него было спокойное, словно разгладившееся лицо. Мне показалось, сострадание… Но, может, это все мне показалось потому, что я так этого хотел?!.. И вот он смотрит на меня, смотрит, потом бросает мне куртку, кивает на шофера, говорит: «Он тебя довезет». И добавляет: «А если заявишь в милицию, тебе не жить». Все, как в хорошо написанных боевиках, простой точный диалог, без криков, без длинных фраз, с классной концовкой. «Тебе не жить», – так он сказал.
Нет, все-таки было отличие от боевиков. Пауза
была. Такое редко в боевиках увидишь…

Как доехали, плохо помню. В машине не говорили. Но видел, все время искали меня через зеркало глаза водителя… Может, он боялся меня, может, хотел что-то сказать…
А мне было – лишь бы успеть!..
Успел за минуту до отхода поезда, или за пять. Но деньги дал уже проводнице, некогда было билет покупать.
Приехал в Белгород утром.
Днем уже хоронили папу.
Весь завод пришел. Десятки тысяч человек.
Его действительно очень любили. Все, не только
я. Как же он умудрился так жить?!

Вы удивитесь, но когда сейчас я пишу эту историю, я не о папе думаю и не о том даже, что стоял на коленях. Я думаю о бандите, который сжалился надо мной.
Ему вдруг захотелось стать благородным.
Я видел – он вдруг от этого такой кайф получил!
Маленькая точка благородства жила в нем все время. Она была затеряна, зарыта глубоко в манеру его поведения, в привычную

жестокость, в ту бандитскую жизнь, которую он вел, и во все его бандитское окружение, которое требовало от него быть бандитом. А на самом деле, если бы можно было очистить его от всей этой пены, то осталась бы только эта точка. Малипусенькая точка Любви... Которая называется Человеком в человеке.
Которая есть в каждом.

Тогда, в 1995 году, я вернулся домой через неделю после похорон.
Целые дни проводил в Иерусалиме, у Стены Плача.
Сказали мне, что так надо. Ну, вот бродил я там, читал «Кадиш», просил...
О чем?!.. У меня было много вопросов.
Все больше о жизни, а не о смерти... Для чего жизнь такая?!
Отец ушел и унес с собой часть себя во мне. Там зияла дыра.
Надо было чем-то залатать ее.
Именно тогда, похоже, я и докопался до своей точки.

/ райский сад /

Рай – это когда я могу не думать о себе.
Когда могу Любить и Отдавать. И не думать, что я получу за это.
Дорога в рай не проста, ведь это дорога в рай!
И сначала надо набить шишки… Пока поумнеем, пока поймем…
И всплывают из тумана прошлого простые
истории, дорогие лица. И я пишу.

Тогда я работал на Ижорском заводе, параллельно заканчивал
сценарные курсы при «Ленфильме» и мечтал-мечтал, что меня
заметят, призовут, и тогда уж я покажу всем, на что способен…
О-о-ох, я покажу, только дайте мне шанс!..
И вот как-то возвращаемся мы с женой из отпуска в свою
коммунальную квартиру, открываем дверь, стоит наша соседка
по стойке смирно, смотрит на меня, как на Ленина, и говорит:
– Вам звонил режиссер Меньшов, лауреат американского «Оскара» и
многих других международных премий. Просил позвонить.
Дрожащей рукой протягивает мне номер телефона.
Я встревожен. Звоню. Попадаю к его второму режиссеру Володе
Кучинскому. Тот буквально кричит мне в трубку: «Какой ты
сценарий написал, ай-яй-яй!.. Я хочу его ставить!.. Дашь?!»
Оказывается Меньшову понравился мой сценарий, и он передал
его своему второму, который «горел» стать первым…

В общем, встретился я с Володей в его квартире в Москве,
на станции «Динамо». Ну, квартира – полная чаша, вторые
тогда зарабатывали очень неплохо, центр Москвы. Узнаю, что
он работал вторым режиссером у Абдрашитова, Михалкова,

на всех фильмах у Меньшова. И вот сейчас сидит напротив меня, высокий, красивый, профессиональный... и стонет.
– Не могу-у-у-у! – стонет он. – Я не второй режиссер, нет! Меня во вторых держат, а я – первый!.. Спроси Меньшова, как я работал на фильме «Любовь и голуби»? Ну, спроси, спроси его!.. Спроси Юрского! Теняковой!.. Спроси!.. Спроси, кто все делал!..
Я мямлю что-то, говорю про то, что верю, а он не унимается и чуть ли не рыдает. И это передо мной, незнакомым ему человеком. Я тогда даже испугался за него. А он не отстает, – звонит на «Мосфильм», заказывает просмотровый зал, и мы едем смотреть его короткометражку.
Смотрим хорошую теплую короткометражку с Еленой Соловей... Потом долго говорим, я все хвалю его фильм, а он все жалуется на жизнь... Говорит, что пересидел во вторых, что работал «на дядю» вместо того, чтобы работать на себя...

Уже тогда, глядя на его боль, начали прорываться в меня вопросы:
– А для чего все это?!.. Вот, все это – ради чего?!.. Цель!.. Цель какая?!..
И сам же себе я отвечал, причем, возмущенно:
– Как, какая?!.. Стать первым. Самому ставить...
Выразиться, наконец! Разве это не цель?
Тогда, мне казалось, что вот она – настоящая цель. Еще бы, я сам хотел стать первым.
Володя Кучинский действительно «вырвался» из вторых, стал первым.
Поставил несколько хороших фильмов. А, может, и очень хороших. Я к тому времени все бросил, уехал в Израиль и пробивался здесь.

Однажды, так, между делом, кто-то сообщил мне, что была заметка о режиссере Кучинском. Не знали, что я с ним знаком. Сказали, представляешь, он у себя в квартире застрелил оператора из ружья и сам покончил собой. О чем-то они поспорили.

Все крутятся и крутятся во мне мысли о нем.
И не только о нем вспоминаю.

Вспоминаю Георгия Епифанцева. Мне было 12 лет, когда я, пораженный, не отрываясь смотрел «Угрюм-реку». Это было сильно. Очень. Один из первых советских сериалов. Епифанцев в главной роли. Красавец, потрясающий артист, как он играл!!
В конце восьмидесятых я учусь на Высших сценарно-режиссерских курсах, несем мы свою стипендию в ресторан Дома Кино. Такая у нас была традиция – по шашлыку и коньяку в день получки. И вдруг вижу у входа, что не дают человеку пройти. А человек напирает, ревет, чуть ли рубашку не разрывает, вглядываюсь – Епифанцев. И очень пьяный. Не помню, как он умудрился, но прошел. Мы за ним. Поднимается по лестнице и кричит:
– Меня они не пускают, твари!.. Им меня приказали не пускать!.. У них здесь праздник, а я уже чужой на этом празднике! Не-ет, я хочу в глаза им посмотреть!..
Почти дословно помню каждое его слово. Понятно было, к кому он обращается.
Он давно не снимался, рассказывали, что пил беспробудно.
Я видел, как он ухватился за режиссера Виктора Титова и кричал ему, что есть заговор против него, и он знает, кто ему кислород перекрывает, что он ничего не боится… И никто его не остановит. Я смотрел на него и было мне так тоскливо. Передо мной была жизнь талантливого человека, которая катилась в тар-тарары…
Потом в Изаиле я узнал, что закончил он жизнь трагически. Его сбил товарный поезд, когда он пьяный переходил пути… Вот так…

…Вы спросите, почему больше трагические истории вспоминаются? Да потому, что они ярче определяют то, что хочу сказать. И еще потому, что дороги мне эти люди. И потому, что – а вдруг поможет это кому-то определить, в чем же она – цель нашей жизни! Что такое счастье?!
Я хочу быть первым, лучшим!.. Хорошо! Но для чего?! Я хочу быть артистом, режиссером! Хочу прославиться!.. Но снова – для чего?!.. Для чего мне слава?!.. Для чего я родился умным, хитрым, упрямым, талантливым?! Для чего?!..
Не просто так. Нет.

Все свойства мне даны, чтобы использовать их по делу. Не на себя растратить, это уж точно. Научиться дарить радость другим. Любить научиться!
Вот так и вернуться в Райский сад.

/ мухаммед и тарковский /

Когда наступит мир, наконец-то?!
Перестанем ненавидеть и воевать. Когда?!..
Только в одном случае.
Когда поднимемся над ненавистью.
И станем близкими людьми.
Зачем воевать близким?

Какой простой вывод.
Простой вывод.
Но нет глубже его.
Как подняться над ненавистью. Как?!

Я тогда преподавал в двух киношколах.
Одна была в Иерусалиме, учились в ней ребята религиозные.
Называлась она «Маале».
А другая находилась в Сдероте, училась в ней светская,
свободная молодежь. Называлась «Колледж Сапир».

Был у меня в «Маале» золотой ученик, очень близкий мне по духу.
Вот вам, пожалуйста, – худенький еврей из Йемена, а мне, как
сын. Я называл его «Тарковский». Ну, просто, как перевоплощение
Тарковского передо мной, – такой он был. И по мысли, и по
философии жизни, и по тому, как смотрел лучшее русское кино.
Ну и по тому, как снял свою курсовую.
Показывал он мне ее на большом экране.
Важен был ему мой «русский глаз».

Сидел я, смотрел и думал.
- Надо же, - думал я, - это же Канны или на худой конец – Венеция. Какое кино!!! С одной стороны, гордость поднималась за то, что у меня такой ученик, а с другой – была мысль, как он смог?!.. Как проник в это чувство?! Как сумел достать меня?!..
Я за свои тогда 45 лет не докумекал до такого ощущения, а он – раз!.. И почти без труда… И такая легкость, и «тарковская» высота. Нет, мне такой фильм не сделать, – думал я.

Он показывал мне рабочий вариант фильма. Что там было? Описать это не просто. Там не было выпуклой истории. Размышления арабского мальчика и еврейского. И жизнь того и другого. Каждый хотел стать художником. Каждый рисовал, что видел. Ходили они по одним и тем же иерусалимским улицам, замирали и рисовали в воображении, но каждый – свое… Своими красками, своей манерой…
У каждого из героев была семья, одержимая одной идеей. У одного – «Израиль без арабов». У другого – «Палестина без евреев». На таком фоне и рисовались портреты этих детей. Они как бы летали над землей нашей грешной, смешивали краски, творили и очень любили это занятие.
Но в фильме не было конца. Йеменский «Тарковский» искал, чем бы закончить фильм. Советовался со мной, слушал и в то же время не слышал меня. Так, я помню, говорю с ним, а он в окно смотрит. А за окном ничего нет. Стена дома, что напротив, и все. Но «ничего» для меня, а для него тут всякие картины, которые он в себе прокручивал. Мечтательный был мальчик…

Однажды он удивил меня. Сказал, что хочет закончить этот в принципе лирический фильм не лирически.
Хочет, чтобы отец арабского мальчика подорвал себя на центральном иерусалимском рынке и, конечно, чтобы отец еврейского мальчика оказался рядом с ним. Я сказал ему, что это как-то не вяжется у меня со стилем фильма. Он задумался. Промолчал…
До экзаменов оставался где-то месяц.

Он должен был финишировать. Искал, как… Были еще несколько вариантов, которые он предлагал, уже не помню каких.
Да и этот запомнил только потому, что было тому продолжение.

Как я уже сказал, в то же самое время я преподаю в колледже «Сапир».
И есть у меня там студент по имени Мухаммед. Наш израильский араб, веселый парнишка, высокий, его все любят, рассказывает байки, над арабами посмеивается и над евреями.
И вот садится он напротив меня и начинает читать свой сценарий. О судьбе подростка из Газы, который не находит себя, мечется и в конце концов решает мстить за то, что в тюрьме его отец, что брат погиб, – за всю жизнь порушенную.
Этот подросток находит террористов, которые надевают на него пояс со взрывчаткой, он пробирается к центру Тель-Авива, чтобы там взорваться…
Но тут видит своих знакомых арабов, которые, радостные, приближаются к нему по улице… окликают его…
Он медлит со взрывом… медлит… Но не может уже предотвратить его, вбегает в подъезд какого-то дома и взрывается там один…
– Ну как? – спрашивает.
Осмысливаю.
– У меня сомнения, – говорит Мухаммед.
– Какие? – радостно спрашиваю. Думаю, сомнения делать фильм или не делать.
А он говорит:
– Вбегает он в подъезд или взрывается на улице? Но тогда и друзья его погибают.
– А все остальные? – спрашиваю.
– Ну, все остальные, естественно, – отвечает. – Он же мстить пришел. Они все для него захватчики.
– Давай прежде поймем в какой драматической ситуации находится герой, – говорю. –Так обычно Митта разбирал с нами сценарии.
– В очень драматической, – отвечает. – Он пытался жить по-другому, но на работу не устроился, дома ему плохо, все друзья уже давно подбивают его отомстить за своего отца.
– А мать? – спрашиваю.

– Мать не против. Ты не знаешь той реальности, – говорит он мне. – Мать даже «за».
– Ты его понимаешь? – спрашиваю.
– Как героя – понимаю.
– Сопереживаешь?
– Иначе бы не писал… Ему очень плохо.
Беру паузу. Думаю, что бы ему посоветовать.
– Знаешь, в чем дело? – говорю. – Проблема в том, что в основе сценария – ненависть. Не попытка разобраться, не какие-то сомнения, которые разрывают героя, нет. Есть враг, есть виноватые в этой моей поломанной жизни. И есть способ отомстить… А если бы, – говорю, – попытаться, ну хотя бы попытаться, усложнить героя, чтобы он мучился перед тем, как принять это решение. Чтобы были у него какие-то внутренние разборки с собой, чтобы порассуждал он о жизни и смерти, о любви… То есть к чему я клоню? К тому, что я лично – за фильм-размышление…
В таком фильме есть глубина… А в этом – только ненависть. Может быть, тебе попробовать написать сценарий с точки зрения любви?
– Любви к чему? – спрашивает.
– К человеку, – говорю.
В этот день мы расстались каждый при своем.
Потом была неделя, когда на меня свалились
тонны работы, было не до учеников.

Прошло несколько месяцев.
И вот, как сейчас помню, был январь. Или февраль.
Я уже сутки сидел в монтажной с фильмом о Корчаке.
Грыз ногти. Не получалось.
И вдруг мой монтажер Яша, в полумертвом состоянии переключая телеканалы, выпрямляется и говорит: «Теракт в Иерусалиме».
Смотрим, – камера гуляет вокруг автобуса, полиция мечется, кто-то кричит, плачет женщина, до сих пор помню ее лицо… Объявляют, что террорист-смертник подорвал себя в автобусе в Иерусалиме, десятки погибших и раненных.
Мы выругались. Смотрим, молчим… Но наша действительность – она такая безжалостная, проходит совсем немного времени и

вот уже боль притупляется… И надо продолжать монтировать, послезавтра сдача фильма. И теракт отходит куда-то в подсознание.

Мы работали всю ночь. К утру в последний раз включили новости. Теперь уже было все более-менее ясно.
Даже объявляли имена погибших. Объявляют…
Слушаем полуживые, до ужаса хочется спать.
Вдруг сквозь туман слышу знакомое имя… Открываю глаза. Послышалось?! Смотрю на Яшу. Он кемарит…
Расталкиваю, спрашиваю, – слышал такую-то фамилию?!..
Понимаю, что бесполезно спрашивать.
Начинаю переключать на другие каналы. Там те же новости.
И вот попадаю, наконец, на перечисление фамилий. Показывают даже фотографии некоторых…
И тогда я слышу его фамилию.
И понимаю, сомнений быть не может.
Встаю.
Боже мой!.. Сморит на меня, не улыбаясь, мой «Тарковский».
Молоденький, худенький, мой любимый ученик. Он.

Что я испытал?.. Ну, как это опишешь?!
Шок. Страх. Боль. Тоску. Обиду…
Все вместе собралось в какой-то гул.
Яша на меня смотрит.
– Что?! – вскакивает. – Кто там?!
– Тарковский, – говорю.
– Тарковский?!.. Какой Тарковский?!.. Ты что?!
– Мой ученик, – говорю.
И думаю почему-то о том, что он не успел закончить свой замечательный фильм… Все. Нет парня.

Потом Яша сам переключает каналы. И там снова перечисляют имена погибших… Снова слышу его имя, объявляют, где он будет сегодня похоронен. У нас это быстро.
Думаю, надо идти. А имена продолжают перечислять…
И тут объявляют, что это был террорист-одиночка и даже его имя известно. И говорят его имя. Мухаммед…

Не знаю, как я устоял на месте. Меня так вставило, как никогда в жизни!.. Мухаммед?! Мой Мухаммед?!..
Моя сценарная голова тут же открутила весь этот фильм обратно. Было, как в худших сценариях!..

Почему я подумал, что это мой студент Мухаммед?!.. Да потому, что все сходилось!.. И его сценарий, и я, стоящий между этим двумя учениками…
Тут же пришла мысль о том, что это я виноват во всем.
Да-да, помню, как сейчас. Помню, как все опустилось во мне.
И снова из тумана послышался испуганный голос Яши:
– Что?!.. Что случилось?!
Теперь уже он тряс меня.
– И это мой ученик, – сказал я.
– Кто?!
– Мухаммед!..
– Ты что, с ума сошел?! – спросил Яша.
– Мой ученик, – повторил я.
Яша смотрел на экран… снова переключал… Пока на первом государственном канале не нашел самые подробные данные.
А я стоял и не знал, что делать.
И тут из пустоты выплывает голос Яши:
– Фу-у, напугал. Какой твой ученик? Вот послушай: Мухаммед, 54-х лет, житель какой-то там деревни…
Я выхожу из шока. Вздыхаю как-то… Наконец понимаю, что это не мой Мухаммед… Но лучше не становится.

В тот день я был на похоронах «Тарковского». Там меня никто не знал. Люди много плакали. Семья многодетная, семеро братьев и сестер… Но было странное ощущение, что для многих из них то, что случилось, не было неожиданностью. Смерть этого мальчика… Или это мне так показалось? Но вдруг почувствовал, что и для меня тоже. Что-то было в нем «не от мира сего».

На следующий день я уже торопился в «Сапир».
Встретил Мухаммеда. Отвел его в сторону, рассказал, что погиб

мой лучший ученик. Рассказал про него. Какой он был, какой замечательный фильм делал. Теперь Мухаммед молчал.
Я сказал ему честно: «Я чуть не умер от страха, когда услышал твое имя, подумал сначала, что это ты».
Он сам испугался моих слов.
Я сказал ему, что я обвинял себя, что не смог объяснить ему тогда, почему я против такого фильма. Объяснить внятно.
– Не вините себя, я бы не послушал тогда, – сказал он.
– Весь ужас, – говорит, – что нет одной правды.
Я сказал ему:
– Для меня – есть. Если ты мой ученик, я снова повторяю тебе, – надо делать фильмы с высоты любви. Я уверен в этом. Все остальные фильмы исчезнут. А эти останутся...
На том и расстались.

Впереди было еще три месяца учебы.
Мухаммед не пропустил ни одного занятия.
Все свои лекции, беседы я внутренне направлял к нему...
Проверял, услышал он меня или нет?
Он стал мне близок...
Или я изменился, или он стал другим, но мы сблизились.
Мне нравился этот высокий, улыбчивый парень... Я видел, он старается понять, разобраться. И ребята крутились вокруг него, и он вокруг них. И фильмы они снимали, помогая друг другу во всем.
Да, еще нас бомбили часто... Колледж «Сапир» находится в городе Сдерот. Все эти годы я вместе с моими студентами – евреями, арабами, бедуинами, черкесами прыгаю в бомбоубежище. Город бомбят почти каждый год. В классах табличка, почти блокадно-ленинградская, что класс этот опасен при бомбежке, и при сирене надо успеть спуститься вниз.
И вот мы регулярно спускаемся. И мы здесь все
равны. И я, и Мухаммед, и все ребята.

Через три месяца закончилась учеба и мы попрощались...
Потом мы долго не виделись.
Я снимал что-то, Мухаммед подрабатывал где-то.

Через пять месяцев начался новый учебный год в «Сапире», я вернулся преподавать.
И тут же, в первый день, он пришел.
И принес свой новый сценарий.
Я остался после занятий.
Попросил его прочитать мне.
Видел, что он сам очень хочет этого. И я хотел.
Он начал читать.

А я начал плакать.
Не мог сдержаться.
Это был Мухаммед-Тарковский…
С историей о бедуинской девочке, которая очень хотела учиться.
С такой нежностью все написано, с такой любовью…
И такое там было высокое искусство!.. Не описать!
Он дочитал сценарий до конца.
Я обнял его.
Он меня.
Так и стояли.
И я подумал, почему бы нам так не жить…

Этой истории уже несколько лет.
И много всякого произошло.
И трагичного тоже.
И если вы считаете, что я наивен, полагая, что так можно жить, я отвечу вам, – нет, я не так наивен.
Сегодня мы не можем так жить. Нельзя сразу исправить человека.
Придет новая беда и снова вспыхнет ненависть.
Чувство, которое я испытал, когда стоял, обнявшись с Мухаммедом, – не состояние настоящего, но это состояние будущего.
К которому мы придем, рано или поздно.
Непримиримые, ненавидящие друг друга, диаметрально противоположные, – мы пройдем ломки, исправления, мы поднимемся до уровня Человек, обязательно!
И будем стоять вот так, обнявшись… счастливые!
Мы все. Все человечество.

/ бомж /

1980 год. Я возвращаюсь из отпуска в часть.
Ночной поезд «Москва-Архангельск» еле ползет. Снег валит уже вторые сутки.
В плацкарте не продохнуть. Пахнет потом и кислой капустой, кто-то уронил банку в проходе. И не убрал.
Приближается моя станция. Все спят. Попытался разбудить проводницу. Она, проклиная все на свете, встала и пошла впереди меня к тамбуру.
Поезд притормозил. Он здесь не останавливался, только притормаживал.
Она открыла дверь. Ей было плевать на меня.
– Прыгай быстрее, – сказала и зевнула.
Я прыгнул. Попал в сугроб. Встал. Отряхнулся. Меня должна была ждать машина. Но никто не ждал. Я не знал тогда, что она застряла в снегу в 20-ти километрах отсюда.
Ну, думаю, отсижусь на станции. Оглядываюсь. Здания не вижу, но вдруг понимаю, что сугроб передо мной и есть станция. Светится изнутри какой-то огонек. Значит, жизнь есть.
С трудом открываю дверь, захожу. В центре буржуйка топится. Рядом на лавке бомж лежит.
Спит себе, или просто лежит, укутанный каким-то тряпьем, в огромных черных валенках с калошами. Не шевелится. Бомжи – обычное явление здесь, поэтому я не удивляюсь.
Сажусь на скамейку рядом. Главная мысль – не заснуть. Холодно.

Тут начинает бомж этот шевелиться, встает, достает бутылку из-под портвейна и не торопясь идет к кипятильному агрегату.
Набирает он воды и так долго-долго и задумчиво взбалтывает ее… Потом разглядывает бутылку на свет. И пьет.

Снова наливает. Снова взбалтывает. Снова пьет. И так несколько раз. Этот прием мне знаком. Бомжи рассказывали, что дело не в том, остался портвейн или нет, дело в ностальгии.
Ну, закрыл я глаза, сделал вид, что засыпаю. Не хотел никаких бесед. Обычно они были примитивными и сводились к требованию денег или выпивки.
Метель за окном не перестает.
Я сижу с закрытыми глазами, передо мной проплывают мама, папа, холодец, рыба, «наполеон», мой незабываемый отпуск…
Греет мысль, что у меня в чемодане подарки для ребят, и они это знают и ждут.
Мысли прерывает приятный баритон.
Думаю, снится. Открываю глаза. Нет, бомж бормочет.
Сидит, разглядывает на просвет бутылку и бормочет.

И что?!.. Ушам своим не верю!.. Велимир Хлебников!..

Мне мало надо!
Краюшку хлеба
И каплю молока.
Да это небо,
Да эти облака!

…Откуда?! Этот бомж знает Хлебникова… Его не учат ни в школе, ни в институте. Я раскопал его пять лет назад, только чтобы блеснуть перед своей первой любовью, которая бредила символизмом.
Слушаю дальше.
Он читает в пустоту, баритоном своим, читает естественно, красиво-красиво. Без выражения, но с каким выражением! Читает моего любимого Пастернака.

Мело, мело по всей земле
Во все пределы…
Свеча горела на столе,
Свеча горела.

Даже сейчас, когда записываю, слышу его голос... Баталов! Яковлев! Нет-нет, и им далеко до него!

Метель лепила на стекле
Кружки и стрелы.
Свеча горела на столе,
Свеча горела.

Беззубый, грязный, с отмороженными красными руками, взбалтывает свою бутылку бомж, задумчиво смотрит в огонь буржуйки и неотразимо читает лучшие на свете стихи...
На затерянной станции, заваленной снегом... ночью...
Нонсенс.
И вот он уже замечает меня. Спокойно поворачивает ко мне голову. У меня даже такое ощущение, что он удивляется (бровь изгибается), что здесь кто-то есть кроме него.
И объявляет мне: «Бродский».
Я не знал тогда этого стихотворения, вообще не знал Бродского, но запомнил слова «погост», «Васильевский остров», а самое главное – впечатление, которое осталось у меня. Поразило меня это стихотворение. Я его потом нашел и выучил.

Ни страны, ни погоста
не хочу выбирать.
На Васильевский остров
я приду умирать.
Твой фасад темно-синий
я впотьмах не найду.
Между выцветших линий на асфальт упаду...

Я не выдержал и спросил его: «Извините, откуда?» Он сказал мне: «Оттуда».
Оказалось, он из Ленинградского университета, оказалось, с филфака, оказалось, жил счастливой жизнью маменькиного сыночка из благополучной семьи. Законченная музыкальная школа, два языка, блестящее будущее, которое было ему гарантировано.

И пустота, которая сшибла его на лету в возрасте 33-х лет.
И он исчез из жизни всех. И родителей, и жены, и сына…

Долго блуждал по России, его ловили, возвращали, сажали, а он все уходил.
Так и попал на эту заброшенную Богом станцию, со всеми своими знаниями.
Я думал, попросит чего-то, как все его «братья».
А он ничего не попросил.
Рассказал свою историю и лег.

Было в этом редкое благородство. Им он меня и подкупил.
И своей беспутной жизнью тоже. И я не выдержал.
Достал заветную бутылку коньяка, которую мечтал распить с ребятами.
И отдал ему.
Он взял ее, не вцепился, а взял спокойно, даже «спасибо» не сказал, и удалился в дальний угол. Выпить не предложил.
Я видел, как он опрокидывает бутылку в себя короткими глотками.
Смакует, сразу не глотает.
Коньяк был пятизвездочный, хороший. Я даже в какой-то момент пожалел, что отдал ему.
Он сидел в углу и уходил в себя.
А я в себя.

И думал, – точно помню свои мысли тогда.
Я думал, для чего была дана жизнь этому человеку без имени?.. Он так мне и сказал: «Нет у меня имени…»
Для чего его убаюкивала мама, не спала ночами, для чего отец водил его в музыкальную школу, для чего готовили его быть интеллигентным человеком?
И почему все цели оказались призрачными?
И он не нашел в этой жизни никакого наслаждения.
«И ушел, чтобы жить одним днем, – он так и сказал мне, – живу одним днем, сегодняшним, завтра – нет».

Уже через два часа увозил меня вездеход в часть.
Бомж оставался один, на заснеженной станции.
Со стихами, со своей непутевой жизнью…

А я думал о нем, думал… И вдруг, помню, ошарашил меня
вопрос, ошарашил, потому что он касался уже лично меня.
А что же я?! Моя жизнь?! Что у меня впереди? Чего я хочу?!..
И вдруг с ужасом почувствовал, что не могу ответить на эти
вопросы. Не могу. Все ответы банальны, поверхностны, пусты…
И, признаюсь, в какой-то момент я даже
позавидовал ему, этому человеку без имени.

Я приехал в часть.
Ребята, конечно, расстроились, что «коньяк ушел», не поняли, как
меня смог раскрутить этот бомж. Я не стал объяснять.
Ночью долго не спал.
Вдруг подумал, что не просто мела метель, не просто
застряла машина меня встречающая, не просто так
стояла эта засыпанная снегом станция на моем пути, не
просто он читал мои любимые стихи, не просто…

Я должен был что-то понять… О жизни своей… Для чего она?!

/ наш привет клавдии петровне /

1986. Я учусь на Высших курсах сценаристов и режиссеров в Москве. После Ижорского завода, где я, бывало, по 12-14 часов не выходил из цеха, жизнь здесь, мягко говоря, удивляет.
Смотрим себе кино всякое, слушаем лекции, философствуем о творчестве, ночью «Наутилус-Помпилиус» выпивает у соседей-свердловчан. Ну, конечно, в день выдачи стипендии мы в ресторане Дома Кино. А там пробегает Соловьев с шарфом, Никита Сергеевич с печатками, артисты, актрисы – уже не помню их имен, баранина на ребрышках, шашлык, рассольник, солянка, водка, икра…
И мечты, что когда-нибудь мы заявим о себе.
Богемная жизнь.

А тем временем жена моя Нина и сын Илюшка живут в Ленинграде, в коммунальной квартире. И в мечтах, что я прославлюсь, сделаю кино, что я состоюсь, – и они тоже вместе со мной.
Раз в месяц я приезжаю домой.
Ну вот, приезжаю однажды зимой и вижу, Нина моя прячет от меня лицо.
Она так, боком, на меня смотрит и левую сторону старается не показывать.
Но заглядываю. Смотрю, ссадина. И довольно глубокая.
– Что это?.. – спрашиваю.
– Задела, – говорит, – проволокой, тут в подъезде.
Ну ладно. Сыграла она хорошо. Поверил.

Проходит пять лет. Решаем мы уезжать, начать новую жизнь.
Оставляем и холодильник «Березку», и цветной телевизор «Рекорд», и все мои гонорары, которые, как назло, растут с каждым днем.
Но оставляем…
За неделю до отъезда захожу я домой и вижу – стоят, обнявшись, посреди кухни моя Нина и наша соседка по коммуналке Клавдия Петровна. Обе в слезах.
Клавдия Петровна видит меня и убегает к себе в комнату.
Мы заходим в свою, и теперь уже Нина мне рассказывает.
О том, как 5 лет назад она вышла на кухню что-то согреть Илюшке.
И Клавдия Петровна готовит там же.
На чем они завелись, неизвестно.
Но Клавдия Петровна – одинокая женщина, врач, с которой мы вроде бы были в нормальных отношениях, вдруг повернулась к Нине и закричала: «Ты, жидовка, вы совсем жизни мне не даете!»

И свое «жидовка» она кричала моей курносой жене, блондинке, Нине, кстати, по отчеству тоже Петровне, рожденной в глубине России, в каком-то богом забытом хуторе…
И тогда Нина моя, Петровна, выпрямилась, как говорится, и вступилась за честь семьи, за меня, за Илюшку и в принципе за все народы – еврейский и русский. И ответила, конечно, Клавдии Петровне. А та вдруг бросилась на нее и вцепилась в лицо…
Эту ссадину на лице Нины я и видел, но оказался бесчувственным.
Не догадался.
Рассказывает она мне это за неделю до отъезда, а я ей говорю: «Во-первых, почему ты мне это раньше не рассказала, во-вторых, чего ты тогда с ней обнимаешься, не понимаю!»
Говорю и закипаю!

…А Нина мне рассказывает, что сегодня на кухне она сказала Клавдии Петровне:
– Знаете, Клавдия Петровна, я хочу с вами попрощаться, мы в Израиль уезжаем.
Дальше произошло следующее. Клавдия Петровна вдруг повернулась к моей Нине и удивленно спросила:
– Насовсем?

Нина ей говорит:
– Да, навсегда.
И тут Клавдия Петровна вздрогнула, замерла, словно воздуха ей не хватало. И произнесла:
– Прости ты меня, Ниночка.
Глаза ее блестели от слез, она раскрыла руки, сделала шаг к Нине, и они обнялись.
– Прости ты меня, Ниночка, – сказала она. – Это все жизнь наша проклятая!.. Как же мы так живем, а?!..
И моя Петровна тоже начала плакать.
Так и стояли они посреди коммунальной кухни – две русские женщины, обнявшись, и плакали.
И одна другой говорила: «Напиши мне, как доедете, как устроитесь».
А моя ей отвечала: «Обязательно напишу, обязательно!»
Вот так я и застал их, растроганных.

И только недавно вспомнил эту простую историю.
Спросил жену:
– Можно я напишу об этом рассказ?
Она говорит:
– Напиши, и передай наш огромный привет Клавдии Петровне. Неважно, прочтет или нет. Ты передай!

Вот я и пишу.
Где Вы сейчас, Клавдия Петровна? Прочтете ли когда-нибудь эту историю или нет, не знаем. Шлем мы Вам с Ниной наш привет. И, честное слово, помнится сейчас только хорошее, наше трогательное прощание, например.
Потому что все остальное было только дорогой к этому теплу.

/ то, что не сумел объяснить /

И было…
Получил я приз за свою киношку в Нью-Йорке.
Назавтра звонит мне «баритон» и говорит:
– Поздравляю, конечно, с премией, есть и у меня заказ для вас, приезжайте.
Деньги мне нужны. По опыту знаю, надо использовать известность, пока не забыли. Еду.
Приезжаю. Богатый дом, это радует. Открывает бородатый мужик, красавец, высокий, неожиданно голубоглазый, очень впечатляет. Вокруг него бегают дети. Указывают на меня пальцем.

Приглашает он меня в гостиную, сажает в кресло и предлагает сделать фильм о Моше. Или о Моисее, это как вам ближе. При этом сразу говорит, что хочет глубокое кино, а не голливудскую клюкву, честно предупреждает, что денег у него немного, но на докудраму хватит.

Начинаю выяснять.
– Какое кино Вы видите?.. – спрашиваю.
– Все, как написано. Хочу, не отходя от текста… – говорит.
Начинаю внутренне волноваться.
– И голос с небес хотите? – говорю.
– Ну, а как же без него?!…
– И фараона, – говорю, – в золоте, в шапке, на троне?..

- Обязательно!.. – говорит он.
- И десять казней?
- Все-все-все!.. С градом, с саранчой, лягушками, вшами, – все, как написано!..
Тут я начинаю понимать, что передо мной человек, впрямую воспринимающий текст… И, сразу видно, он от этого не отступит.

- …И навел Моше руку свою на море, – вдруг он встал и торжественно сказал. – И гнал Бог море сильным восточным ветром всю ночь, – дети его сидели, разинув рты, глядели на папу. – И сделал море сушею, и расступились воды…
- И проход через море хотите? – говорю спокойно, уже знаю ответ. – Хотите, чтобы море расступилось?
Тишина. Дети не дышат. Папа замер, смотрит вдаль, он весь в той картине.
А я сижу, молчу и думаю, что надо сваливать.
И надо было свалить, надо!.. Но остался. Вот обязательно мне надо свои «пять копеек» вставить.
- Но не об этом же речь, – сказал я. – Ни о Египте, ни о Моше, ни о фараоне здесь не говорится. И совсем не то море расступалось…
Нельзя сказать, что он был удивлен. Но улыбка у него получилась снисходительная.
- А о чем же здесь говорится? – спросил он. – Не было выхода из Египта?
Смотрит на меня. Даже покачивает головой. Я подумал, слушает.
- Это Инструкция, – говорю. – Точная, пошаговая. Инструкция жизни. Очень практическая.
- Кто вам сказал? – спрашивает.
И я, клянусь вам, прочитал явный интерес в его глазах… И, конечно же, ответил:
- Два года, как я встретил своего учителя Михаэля Лайтмана. И понимаю теперь, с какой «бомбой» мы имеем дело. «Бомбой», – говорю, – в высоком! Высоком! смысле слова… Здесь речь идет об исправлении человека.
- Ну, и как бы вы это снимали? – спрашивает.

Говорю очень эмоционально и, как мне кажется, убедительно:
— Надо думать, я пока не знаю, как снять, но это должен быть прорыв… Прорыв!.. Чтобы люди поняли, какая внутренняя глубина заложена в этой Книге, какая там стоит сила за каждым словом, за каждым именем!.. — говорю, не останавливаясь, завожусь. — Чтобы поняли, что Египет — это зло, которое во мне. А никакая не страна! Египет — Мицраим на иврите, это «сосредоточение зла». Царство эгоизма во мне — вот, что такое Египет.
Слушает. Не перебивает. Я продолжаю, он ведь слушает!

— И Фараон, — говорю, — он не Фараон, а моя суть, моя природа, мое эгоистическое «я». Оно вертит мной, как хочет… Я — раб Фараона.
Кивает головой. Это придает мне новые силы.
— И когда я понимаю, кто стоит передо мной, вот тут-то и начинается настоящий бой, — говорю я. — Вот тут-то мой Фараон и не дает мне жизни, потому что видит, что я начал свой «выход из него». Тогда-то мне и становится тяжело. И я понимаю, что сам, своими силами, я не смогу из него выйти. И я кричу: «Вытащите меня отсюда!»
И если этот крик идет из самой глубины, из сердца, тогда и приходит Моше. Не человек, нет, — сила. Ведь Моше — от слова «лимшох» — вытаскивать.
Проявляется во мне такая сила, которая называется Моше, и она начинает вытаскивать меня из эгоизма… Вытаскивать!..
Он снова кивает.

Дети его слушают, не отрываясь. Я счастлив. Я уже начинаю представлять, какой грандиозный фильм можно сделать!..
Только бы он согласился.
Он слушает. И даже говорит:
— Будут еще десять казней египетских…
— Будут еще десять казней, — подхватываю я, — да, это десять ударов по эгоизму! Я должен их пройти, прежде чем он отпустит меня… Фараон.
— Десять ударов по эгоизму, — он повторяет.
— Да-да, — говорю, — один сильнее другого, чтобы только отпустил!
— И Конечное море впереди, — говорит он, — которое разойдется…

– Разойдется, вопреки разуму… – говорю. – Оно ведь Конечное!.. Конечное, потому что это граница эгоизма. За ней начинается мой путь вверх. К Отдаче, Любви… Мой подъем над эгоизмом, мое настоящее рождение.
Я смолкаю.
И он молчит.
И дети его – ни звука.
– Вот об этом пишется в Библии, – говорю. – Только об этом. О том, как каждому из нас подняться над эгоизмом и прийти к Любви.

Он молчит. Долго-долго. Такая долгая пауза. Что-то там происходит в нем… Долгая-долгая пауза… И вдруг я слышу. У него уже другой голос:
– Мы выходили из Египта, – жестко говорит он. – Выходили, – он словно ставит точку. – А все, что ты сказал, – бред.
Я мог бы промолчать. Я уже понял, что не услышан. Но я не промолчал. Обидно было.
– Мы выходим из эгоизма, – сказал я, но уже тихо сказал. – Все. Весь мир.
Снова пауза.
Дети его переглядываются.
Он уже не смотрит на меня. Он думает. Решает.
Потом поворачивает ко мне лицо. И я вижу, что он абсолютно другой.
– Вы мне не подходите, – говорит.
– Что ж… – я встаю.
– Вы потеряли хороший заказ, – говорит он.
– Во всяком случае, мы с Вами поняли друг друга, – говорю я.
– Глупо.
– Я пойду, – говорю я.
Он смотрит на меня с сожалением. Теперь я вижу очень ясно, – все, что я сказал, даже не коснулось его.

Выхожу на Манхеттен.
Иду себе, иду, мимо проплывают одинокие люди, каждый в себе, весна, тепло, желтые такси…
А я думаю. Я ничего не смог объяснить ему.

Он ничего не почувствовал, в нем ничего не пробудилось.
Получается, что я вторгся в жизнь человека,
уверенного в своей правоте. Зачем?!..
Я был очень, очень зол на себя.
Вероятно, я просто бездарен и мне надо понять это и заткнуться…
Потом я начал себя оправдывать, мне ведь казалось, что он
слышит… Мне показалось, что у него есть вопрос…
Я шел, поворачивал на какие-то улицы, и думал-думал-думал…
Нет, я не думал о том, что потерял заказ, я все равно не смог бы его
выполнить. Я думал о том, что получил еще один урок, меня снова
окунули, как щенка, в понимание того, что у любого человека, у
любого, все начинается с вопроса. С догадок, которые его мучают.
С ощущения, что что-то в его жизни не так …
Все начинается с поиска ответа на вопрос: Для чего живу?!
Только такой человек и слышит… Вот такому можно объяснить.
Для такого и написана Великая Инструкция, как выйти из рабства и
подняться к Любви.
Если нет вопроса, не поймет.

/ мой
бурят /

Где-то в 82-83-м году меня так достал завод, что я подумал: подамся в журналисты. Записался на курсы при ленинградской «Смене». Вел их алкоголик Слава. Через месяц он дал мне задание написать заметку о вытрезвителе на Васильевском. Просил указать хорошую сторону вытрезвителя, человечность персонала. Я, конечно, понял, откуда это задание родилось.
Ночка была незабываемая. Передо мной проходили гоголевские типажи, бомжи, рабочие, инженеры, уголовники и даже оперный певец. Парень, когда брал высокую ноту, падал сразу.
Встретил я там сморщенного мужичка. Его здесь уважали за то, что он никогда не шумел. Водой из шланга его не обливали.

Так вот, когда он меня увидел, сразу спросил:
– Еврей? – он уже мог говорить и рассуждать.
– Еврей, – отвечаю. Не любил я эти вопросы,
за ними всегда начинались беседы.
– А я бурят, – сказал он неожиданно. А потом без перехода добавил, – страной должны править мудрецы, а не это говно.

Как я потом попал к нему домой, этого уже не помню.
Это была уникальная коммуналка на Васильевском. Обшарпанный коридор, справа – слева чуть ли не десять-пятнадцать комнат, и один туалет.
Когда мы вошли, на полу лежал дефективный улыбающийся мальчик лет двадцати и играл раздолбанной гоночной машинкой. Он ее разгонял и со всего маха всаживал в дверь туалета. Из-за двери кричала какая-то женщина: «Тюля, я сейчас выйду и засуну тебя вот

в это вот лицом твоим…»
Это было все так красочно, что я отвечаю за каждое слово.

Комната бурята была не просто помойкой, и в ней не просто пахло… Представьте, обои оборваны в белой горячке, углы «описаны», уж извините, книги раскрыты. Ну, просто все книги раскрыты, словно он читал их все разом…
Явное тихое безумие там ощущалось.
Чай я, конечно, пить у него не стал.
Сидели мы, и он говорил только об одном. Воспроизвожу по памяти, память уже не та, но за смысл и самобытность ручаюсь.

– У власти должны стоять мудрецы. Потому что все остальные – продажные суки. Их купить – два пальца обо… Мудрец – это тот, которому на себя положить (пользуюсь его лексиконом). Потому что, если ему на себя положить, то чем ты его возьмешь, орденами, как этого придурка?!..– Заканчивалось брежневское время, он уже еле ходил. Потом он сказал. – Мы слепые, нужен зрячий. Мы уцепимся за него и все выйдем.

Сказал и упал. Это был приступ эпилепсии. Передо мной бился с пеной у рта человек, а я не знал, что делать.

На его вой открылась дверь. Деловито вошла в комнату растрепанная полная женщина. Но красивая, похожа на Терехову. Присела перед ним, засунула ему в рот грязную деревянную ложку и задумчиво посмотрела в окно. При этом на меня не обращала никакого внимания. За ней в дверь заглянул ее сын Тюля, сказал: «Джи-и-и-и!» Показал гоночную машинку. Она сказала ему неожиданно мягко: «Я сейчас приду, сынок, подожди, видишь, дядя-бурят кончается». Только сейчас увидела меня. Попросила подержать ложку, показала – как. Сказала: «Когда-нибудь меня не будет дома, соседи не придут, мой Тюля не поможет. И помрет бурят».
Сказала и вышла.

Потом бурят оклемался. Долго пил чай.

Я все сидел с ложкой напротив него.
Он вдруг сказал:
– А я говорю тебе, мудрецу на себя положить. – Будто я его об этом спрашивал. – Я тебе говорю, он даже о таких, как Тюля, думает, мудрец. Мы кроты слепые, мы себя только видим, а он всех нас и даже Тюлю. Кто мне Тюля? Больной придурок. А ему Тюля – человек. И мы ему не алкаши и доценты, а люди. Которые надо, чтобы жили вместе, чтобы не цапались, как собаки, чтобы не думали только о своей миске, чтобы делились…

Потом он залез пальцами в чай и что-то вытащил оттуда. Когда-то это было чем-то живым, но что это я так и не понял.
Он сказал, глядя на эту «штуку»:
– Зрячий объединяет, слепой – разделяет, сука. Всю жизнь мы, слепые за слепыми шли… Вот и дошли…
И положил эту «штуку» обратно в чай.

Тогда на меня это произвело большее впечатление, чем сам разговор. Почему обратно в чай, я подумал, почему он это не выкинул, черт побери?!..
Я был молодым, безмозглым, брезгливым, мало что понял из всего, что он говорил. Все это было для меня пьяным бредом, а сам он – лишь объектом для журналистской зарисовки.

Стоял последний год брежневского застоя, казалось, так всегда и будет. Хотел я стать журналистом, не волновали меня никакие мудрецы, ни слепые, ни зрячие…
Я думал, что все у меня впереди и плевать мне было, кто там у власти.
Прошло совсем немного времени. Умер Брежнев.
От цирроза печени скончался журналист Слава.
А потом и бурят исчез.
Помню, пришел я к нему через год и застал заколоченную ржавыми гвоздями комнату. Соседи сказали, что уже месяц, как не видели его.
У меня же было ощущение, что он там, внутри…

Сегодня вспоминаю бурята.

Как он говорил: «Зрячего нам надо, мудреца нам надо, которого ничем не купишь. Такого бы найти».

Нет, даже не найти, – сегодня я это понимаю.

Это нам надо захотеть именно такого.

Это нам надо измениться. Дело-то на самом деле в нас!..

/ обложили меня, обложи-и-или… /

Не дает мне покоя мысль: если бы нас окружили светлыми мыслями, так мы бы и мыслили. Я об этом часто думаю, особенно когда попадаюсь на какую-нибудь уловку в интернете – захожу на сайт, а там полный беспредел. И тоскливо становится оттого, что поймали меня, как мальчишку, втюхали пошлятину, и я ее съел…

Вечная тема – наше окружение. Вечная тема.
Пока не захотим поменять окружение, мир не изменится.

Я родился в городе Белгороде.
Тенистый городок, он был поделен на районы.
Наш называли «Центральным».
В мои годы в каждом дворе были голубятни.
Расфуфыренные голуби накручивали восьмерки.
Белые почтари, «двухчубые лохмоногие» шли на вес золота.
Вот и воровали их у нас, в основном – «привокзальные».

Мы точно знали, что привокзальные. Во-первых, они не скрывали этого, во-вторых, почерк у них был привокзальный. Они обычно замки не трогали.
Просто крушили заднюю стенку голубятни, и все дела.
И вот, каждый раз, когда это происходило, ребята шли в соседний

двор к Мишке, по кличке Клык (из-за железной коронки на правом клыке).
Он был известным авторитетом. Еще бы, за плечами две колонии, все руки исколоты, на спине фрагмент картины Васнецова «Витязь на распутье». Выходил он на крыльцо и, как в фильме «Чапаев», толкал речь.
О том, что если мы действительно чего-то стоим, то… Ну, понятно.
В общем, потом шли драться.

С этим у меня всегда была проблема.
Ударить по лицу не мог. Я сразу же представлял себе, что чувствует человек. Просто физически чувствовал его боль. И рука уже не поднималась.
Представить мог, как я дерусь, побеждаю, и перед зеркалом сыграть. Но чтобы самому ударить?!.. Нет.
В общем, я избегал драк как мог.
Но вот тут-то и возникали ножницы.
С одной стороны, как это – «ударить человека по лицу», а с другой, – просто невозможно, чтобы меня назвали трусом, не пережить мне такого позора.
Вот и жил в этих ножницах, как мог.
Как-то умудрился избежать самых известных драк.
Но, как говорится, всему свое время.
Пришла и моя драка.
При этом я знал, что она формируется. Тихо отвалил, незамеченный, пробрался домой, вдруг слышу мама говорит по телефону: «Да, он дома… Сейчас, – и стучит в дверь. – Тебя Сережа».
Ну как же я, болван, ее не предупредил, как?!. Сделал маме страшные глаза, взял трубку…
– Алло. Мы с Саней ждем тебя, – говорит Серега. – Выходишь?
– Я заболел, – отвечаю.
– Ну, и что, – у Сереги в голосе ни тени соболезнования. – А если бы Спартак заболел, ты думаешь он бы не дрался?! Выходи! Ждем!
И я плетусь к входной двери, проклиная все на свете…

Отряд формировался во дворе Клыка.
Спицы и цепи Клык раздавал сам. Это подросткам.

При этом он, как маршал Жуков, каждому смотрел в глаза.
Мы, малыши, получили палки.

Снова я попытался сбежать…
Но Серега и Саня взяли для меня палку, а потом встали рядом, как настоящие друзья и верные боевые товарищи.
И вот мы выходим разбираться с привокзальными.
На ходу натягиваю клетчатую кепку на нос, улыбку на лицо, а внутри все равно зима. Холодею от ужаса.
Но бежать невозможно. Во-первых, гордыня не дает. Мы уже месяц как повелись на фильме «Спартак», рубимся деревянными мечами, «умираем» на грязном дворовом песке с криками «свобода или смерть».
И тут, когда подворачивается «настоящее» дело, бежать?!..
Будешь опозорен на всю жизнь, на улице не появишься, со двора не выйдешь, защиты не попросишь. Так и умрешь трусом… Вот я и иду.
Это во-первых. Ну, а во-вторых, просто
физически невозможно сбежать.

Опытный Клык так выстроил наши «фаланги», что никуда не денешься. Вот уж кто изучил природу трусов.
Ты зажат справа и слева. Впереди идут подростки, хозяин голубятни Юра Почтарь и сам Мишка Клык. Сзади заградительные отряды, тоже из подростков, идейных драчунов. Справа, слева – самые отпетые… Они должны потом окружить привокзальных… и добить.
Ну, куда тут убежишь?!..

И ты идешь и умоляешь, чтобы вот прямо сейчас здесь появилась милиция и разогнала бы нас к чертовой матери!..
Но никто не появляется.
Никто не разгоняет.
Так мы проходим одну улицу, вторую, третью…

…И вдруг я ловлю себя на том, честное слово, что уже куда-то уходит страх, идешь нога в ногу со всеми, чувствуешь такую поддержку, даже уверенность, что выпрямляешься. И мысли возникают, что дело правое, что мы вместе плечом к плечу, что

настало время стать настоящим мужиком…
Вот так и вываливаем на пустырь.

Привокзальные стоят перед нами точно, как в фильме «Спартак», ну точно.
Мысли прерываются, приходит мгновение тишины…
Которая разрывается криком. Наши первые начинают кричать.
И мы бежим.
И я бегу в этой своей клетчатой кепочке и кричу за всеми, ору, вою, не знаю, как и сказать.
Мы сходимся.

Я размахиваю палкой. Передо мной никого нет. Но я и размахиваю, чтобы не подходили. И кричу! Кричу! Только, чтобы не подходили!..
Справа, слева уже рубятся… Там уже падают. Там уже начинает действовать коварный план Клыка.

И тут напротив меня оказывается такой же, как и я. Вот судьба! – сводит двух придурков. Тоже в кепочке, тоже закрывает глаза, тоже вытягивает палку, не видя куда.
Палки у нас с ним сразу выпадают. При первом же скрещении.
Пауза… Но деваться некуда, мы внутри боя. Надо сходиться.
Сходимся.
Кулаки вперед. Машу ими, машу!.. И он машет. Такой же горе-боец.

Вдруг чувствую, как кулак мой проскальзывает между его рук и точно, ну прямо, точно, втыкается ему в нос. Мгновение…
он останавливается, удивленно смотрит на меня.
У него небесно-синие глаза. Он вдруг закрывает лицо руками, потом отнимает их, смотрит… И видит кровь. И я вижу…
И тогда он кривится и начинает просто по-человечески плакать.
И только тут я осознаю, что это я его ударил…

Он плачет. И этим меня просто убивает.
Я стою перед ним, и я снова испуган… И вот я уже кручусь вокруг него и повторяю бессмысленно: «Я не хотел!..

Что ж ты не закрылся». А он плачет, отворачивается, идет в сторону… А у меня внутри просто кричит все: «Это я его!.. Ему больно!.. А если нос сломал?! Но я же не хотел!»

Тут на меня кто-то налетает, сбивает с ног, я падаю, по мне топчутся, но я ничего не чувствую, потому что я смотрю на него.
И не думаю больше сражаться.
И никакого во мне геройства, никакой бравады, что я победил, никакого вам Спартака.
Вижу, он бредет в сторону, согнувшийся весь, рыдающий…
Мне его так жалко!..
Хочу за ним бежать, но не могу. Не дают.

Мы победили в той драке.
Много было разбито носов, молочных зубов…
Привокзальные вернули голубей.
Наши ходили героями.
А я продолжал жить двойной жизнью.
С одной стороны, не мог ни есть, ни спать, пока не нашел адрес этого парнишки. Встретился с ним, убедился, что он жив-здоров и не держит на меня зла. Никакого перелома нет, совсем не больно ему… На радостях подарил ему двухтомник «Графа Монте-Кристо» в академическом издании и так успокоился.

Дня через два возвращаюсь домой после школы, а там Мишка Клык и полный двор наших. Все возбуждены, идет живой рассказ, ну явно о том, как мы наказали привокзальных.
И Клык вдруг видит меня и говорит: «А этот молодец! Видели, как он ему прямо в нос вставил?! – и хлопает меня по спине. При всех. – Молодец!»
И я снова ощущаю, как выпрямляюсь, как возвращается улыбка, эта идиотская уверенность, и я говорю неожиданно:
– Я сначала показал левой (показываю), он открылся, и я правой его (снова показываю) и прямо в нос, – говорю…
Я свой, меня уважают, я не трус.
Можно жить дальше.

Дальше, по чести сказать, были драки. Так получилось.
Их не так много было, но я помню их все.
Как-то, слава Богу, смог никого не покалечить, не покалечили меня.
И я помню постоянное, ну просто постоянное ощущение, что это не я. Не я это.
Что я другой абсолютно. Что все происходит против моей природы.
Все во мне кричит: «Не могу! Нельзя!..»
Но я почему-то иду на это. Почему?!..

И я понимаю.
С годами, правда, не сразу, но понимаю, что не могу не идти.
Я – продукт того, что меня окружает.
И все ценности выбраны не мной…
Ими!

Чего я хочу своим детям, внукам?
Хочу, чтобы научились они любить.
Хочу, чтобы такое у них было окружение,
которое научит их этой работе.

/ как же
нам стать
такими /

Во время войны «Нерушимая скала» почти каждый день погибали ребята – лихие, красивые.
Показывали по телевизору их фотографии, улыбающихся, очень молодых.
И так щемило сердце, просто невозможно.
Мы с Ниной их как детей своих чувствовали. Как детей, поверите?

И вот как-то утром приходит наш сынок, Илюша, это было 21 июля, и показывает нам объявление в фейсбуке.
«Это наша просьба, – написано там, – к вам, болельщикам хайфской команды… Погибший вчера Шон Кармели был солдатом-одиночкой, и мы не хотим, чтобы на его похоронах было пусто. Приходите, чтобы отдать последний долг герою, который погиб, чтобы мы могли жить».
– Что ты предлагаешь? – спрашиваю Илюшу.
– Предлагаю ехать. Потому что а вдруг мало людей придет? Его родители прилетают из Америки, должны видеть, что их Шона любили, – говорит он.
Мне понравилось то, как Илюша ответил,
я даже растрогался, и сказал:
– Поехали, сынок, дорогой мой!
И мы поехали. Похороны должны были состояться в тот же день, на

военном участке кладбища в Хайфе.
Нина тоже рвалась, но не могла освободиться с работы, осталась.

По дороге, наконец-то, было время поговорить с сыном. Что там у него с докторской диссертацией, как мои внуки во время воздушной тревоги. И что не просто стране нашей, Израилю, не просто.
Возле города Зихрон Яаков, минут за 30 до места, вдруг образовалась пробка.
Вдруг еле движемся. Нервничаем, думаем, может, авария, может, ремонт дороги, иначе никак не объяснишь.
Минут через 15 пробка еще больше. Практически стоим.
Видим в машинах справа и слева все больше молодые ребята едут.
Илюша смотрит на меня и говорит:
– Папа, что-то мне кажется…
– Но этого не может быть, сынок! – развожу руками.
А он мне:
– Может.
Открывает окно и спрашивает девушку в соседней машине:
– Куда едете, девушка?
Она ему:
– На похороны. А вы?
– И мы.
Я со своей стороны спрашиваю молодого паренька, водителя:
– Куда едете?
– На похороны.

Мы с Илюшей переглядываемся… и примолкаем. Так и едем в машине молча до самого места. Каждый в ожидании, что же увидим. Паркуем машину за 4 квартала до кладбища. Ближе негде поставить. Успеваем прийти минута в минуту. Но, оказывается, что похороны откладываются еще на час, потому что люди прибывают и прибывают.
Ну, что вам сказать?!.. Тьма людей, верите?! Тысяч тридцать, а может быть, и сорок. И все стоят молча.
Мы оглядываемся… Кого тут только нет?! Молодые, пожилые, религиозные, арсы с серьгами, солдатики и солдатки с глазами полными слез.

И все они пришли проводить этого мальчика, Шона.

А там, вдалеке, впереди, родители Шона, с трудом их видим, но ощущаем, как они, бедные, оглядываются вокруг, их все это оглушает!.. Оглушает! И сумасшедшее количество людей, и правдивость того, что происходит, и тишина эта. Очень горькая для них, это да. Но и очень высокая!

И вот, несут его. Долго его несут. Проходят такой змейкой между нами.
Все стоят, сгрудившись, как самые близкие, нет ближе.
Кто молчит, кто про себя рыдает, кто слезы вытирает, кто нет, – пусть текут.
Не помню ни криков, ни стонов, а очень точно помню свое состояние.
Это, когда у тебя холодеет спина, когда комок стоит в горле и слезы у глаз.
От всего, что происходит.
И мурашки по коже...
От этой тишины, какой не слышал никогда в жизни.
Но самое главное – от этого единства.
Необычайного единства!
Да-да, сверял потом свои ощущения с Илюшкиными, у него были такие же.
Стоял перед нами наш народ. Такой, какой он есть на самом деле.
Не правые и не левые, не белые, не черные,
в кипах и без кип, – единые!
Не разрывали нас дешевые противоречия.
Трагедия соскребла их с нас.
И открылось вот это золото.
И ты стоишь среди всего этого и думаешь: –елки-палки, вот так я и жить хочу, а не только хоронить и воевать, вот так!»
Как мы жили когда-то! Ведь мы же так жили!
Мы же вокруг этой Любви и собрались!
Куда же все это подевалось?! Как же мы умудрились такое богатство закопать?!..

И вот уже отзвучал кадиш (молитва по умершему).
И я его отшептал со всеми. Мне он не показался громким, а тоже таким же внутренним.
И потом еще много времени просто стояли, долго-долго, хотели сохранить все это в памяти.
Но вечно так стоять не будешь, начали расходиться.

Расходились тихо. Не было никаких посторонних разговоров.
Мы с Илюшей тоже молчали. Больше от того, что пережили.
Сели в машину.
– Как ты? – спросил Илюшу.
– До сих пор отойти не могу, – говорит.
– И я тоже.
– Ты глаза их видел?
– Только в глаза и смотрел.
– Какие ребята, а?
– Нет слов.

Так, без слов, и ехали домой.
Нам было о чем подумать.

/ война и мир. израиль /

Оперировали меня недавно.
Отхожу после наркоза.
Лежит рядом мужичок, лет шестидесяти, в потолок смотрит.
Напротив меня – жена, Нина.
Напротив него – четыре взрослых дочери.
Вижу, дочери проводят шмон, да такой, что наш старшина Шпиляк выл бы от зависти.
Все шкафы они вывернули, все полки обнюхали, под всеми матрацами проверили.
По ходу выяснилось, что ищут они сигареты, что у папы уже было три инфаркта (сейчас лежал он с аппендицитом), что так нельзя относиться к своей жизни, к маме, к ним…
Он смотрел в потолок и божился, что завязал.
В общем, не нашли они сигарет.
Посидели, поцеловали папу, ушли.
Как только смолкли их шаги, он сразу встает, подходит ко мне, говорит моей жене Нине: «Извините», – и вытаскивает свою пачку «Парламента» из моих брюк, висевших на стуле.
Я ему хриплю:
– Но все-таки у тебя три инфаркта.
А он мне:
– А если это для меня, как воздух?

Через день стоим в закутке. Он курит в кулак, боится, что его медсестры заложат.
То да сё, говорим.
И он рассказывает мне, что он генерал-десантник, воевал во всех

израильских войнах, а их было немало. Поэтому и курит.
– Ну, все тут воевали, – сказал я.
– Но не все знают, почему воевали, – говорит он.
– Почему? – спросил я.
Он затянулся во все легкие... На вопрос не ответил.
Но начал рассказывать о войне.

О том, как по-разному «уходили» друзья. И в бою, и по глупости, и по случайности.
Рассказал, как однажды он выскочил из машины пописать, пока шла колонна, а когда оглянулся, уже никого не было. Наш же самолет налетел, перепутал, покосил ребят…
А потом он сказал:
– Вот у меня четыре дочери, они, конечно, заботливые, нечего сказать, но… Они не дадут сигарету перед смертью, нет… А вот сын бы дал. Был у меня сын, – говорит. – Мы с ним были как братья.

Я уже понял, что он скажет дальше. Так и получилось.
– Я тогда был майором. Сынок мой спал и видел, что будет вместе со мной в армии, вот так, плечом к плечу. Семья у нас военная, все были «за», и жена, и родители мои… И я, конечно.
Короче, он стал десантником, мы вместе сделали 48 прыжков…
Было мне, кем гордиться…
Ну вот, он практически на моих глазах и погиб…
Я молчу, что тут скажешь!?..

– Я чувствовал, – он говорит, – чувствовал все время, что это произойдет. Но как-то заглушал, не мог представить себе, что мой сын будет где-то штаны просиживать. Да он бы и не смог.
Что я хочу сказать тебе, – говорит без перехода. – Будет война!..
Будет ужасная война, – говорит.
– Что значит ужасная?!..
– Это значит, что игры закончились.
– Все говорят, что мы готовы к войне.
– К такой не готовы.
– Что же делать?!

– Я знаю, что делать, – он говорит. – Надо понять, почему они приходят.
– Почему? – я, помню, подумал, неужели знает?!
– Я скажу тебе. Как только мы забываем о Единстве, приходит война. Закон он один, простой до слез. Я проследил это, я все войны наши, все беды наши проследил, было время, валялся по госпиталям, – он посмотрел мне в глаза, и голос его стал тихим. – Они все происходят из-за нас.
Он вытащил из пачки еще одну сигарету, и, не скрываясь, закурил.
– В 73 году я служил на Голанах[4]. Я помню, как прямо в воздухе висело, – быть беде. Такая ненависть была между ашкеназами и сефардами[5], такая ненависть, до судорог, до воя! Они видеть друг друга не могли. Я уже тогда думал, что добром это не кончится. Помню однажды приехал домой, в Бат-Ям, а там поножовщина – сефарды с ашкеназами бьются, и лица у всех такие, что страшно подойти. Я им кричу, – ребята опомнитесь, ребята! Мы же один народ!.. Не слышат. Ненавидят. Какой там один народ?!
И так по всей стране… Остановить это могла только война. И она пришла. Война «Йом Кипур»[6], для меня нет страшней этой войны, я на ней стольких друзей потерял!..
Но она нас и объединила. Когда сели в один танк ашкеназы и сефарды, красивые, молодые ребята. И горели они в этом танке вместе. И стоял стон по всей стране их несчастных родителей и всего нашего народа… И ашкеназов, и сефардов, всех-всех!..

Он замолчал. Вытащил третью сигарету, крепко затянулся. Я увидел, как дрожат его руки.
– Сегодня все повторяется, – сказал он. – Сегодня мы разобщены еще больше. Никто не слышит друг друга, никто!.. Война на пороге. Но теперь уже будет такая война, какой не было никогда. – Он

---

4 Голаны – сокращенное название Голанских высот на границе Израиля с Сирией.
5 Ашкеназы – евреи, выходцы из стран Европы. Сефарды – евреи, выходцы из арабских стран, стран Азии, Африки, в прошлом из Испании и Португалии.
6 Война «Йом Кипур» – война Судного дня. Началась 6 октября 1973 года с нападения Египта и Сирии на Израиль. Потери Израиля 2522 — 3020 убитыми, 7500 — 12 000 ранеными, 326—530 человек попало в плен.

приблизил ко мне свое усталое лицо и прохрипел. – Я тебе говорю, я этот закон вывел, он работает как часы. Это не просто так вокруг нас одни враги, не просто так нас ненавидят… Все только для одного – заставить нас соединиться.
Он бросил сигарету.
– Мы корень свой потеряли, – сказал. – Народа нашего. Единство.
Я не успел ответить.
Он стал подниматься по лестнице.

Мужика этого, генерала-десантника, забрали дочери домой на следующий день.
Он улыбался им, шутил, а я видел, что глаза у него тоскливые.
Подмигнул мне, я – ему, так и расстались.
В кармане я сжимал его пачку «Парламента», с последней сигаретой.
Очень хотелось курить.

/ чак норрис, бенни уркидес и я /

Было это в начале 90-х. Я искал, где бы подзаработать, тут-то мне и подвернулся Ян.
Он сказал: «Здравствуй, я тебя давно ищу, у меня есть гениальная идея для сценария».
Идея мне понравилась. Так мы познакомились, подружились, начали писать.
Это была история о трех глухонемых девочках-телохранителях, которых воспитывали в горном монастыре Китая, а потом привезли в Нью-Йорк, чтобы они защищали от мафии богатого человека.

Мы там наворотили такого, что с трудом даже сейчас вспоминаю.
Написали книжку, а не сценарий. Читалась она легко.
Ян был уверен, что нас ждет успех и много денег.
Ну, естественно, решили ее издать.

Издатель прочитал быстро и привел красочный пример:
– Я начал читать ее в туалете, – сказал он.
– Почему не в салоне, не в кресле, не в кровати? – возмутился Ян.
– Я вышел из туалета через час, – ответил издатель. – Это хороший признак.
Для пущей верности на русском издались мы под псевдонимами.
Я был американцем, Ян – китайцем. Думали, что американца с китайцем купят быстрее.
За перевод на английский (ведь хотели прорваться в Америку!) заплатить не смогли, и вышло, как вышло. Перевод сделала

бесплатно учительница английского языка, по-моему, заслуженная пенсионерка.
Прошло время, я уже и не думал, что книжка дойдет до Голливуда.

И вот однажды звонит Ян.
Говорит с придыханием, с паузами, и говорит вот что:
– Нас ждут в гостинице Чак Норрис и Бенни Уркидес. Они хотят ставить фильм по нашей книжке.
– Прямо-таки в гостинице? – мне было не до юмора, работал мойщиком посуды в кафе «Апропо».
– Не задавай дурацких вопросов, – говорит Ян. – Оденься прилично, через час мы разбогатеем.
Приезжаю.
Сразу вижу Яна, сразу узнаю Чака Норриса, – американская улыбка, все зубы на месте, – он!.. Тут же рядом сидит «квадратный» мужик, пьет кофе. Так, понимаю, что это Бенни Уркидес.
Чак Норрис встает, пожимает мне руку, Бенни тоже пожимает.
Дальше еще волнительнее. Чак Норрис говорит, что действительно влюблен в нашу книжку... Описывает героев, как он их видит, я киваю.
Думаю, конечно, что посуду мыть брошу, смотрю на Яна с восторгом.
А его не остановить – сам он, действительно,
тренер боевых искусств, действительно силен, и
действительно у него с ними есть общий язык.
Он их спрашивает. «Почему, – спрашивает, – не удались 95 покушений на Мао Дзэдуна?!»
Откуда он эту цифру взял?!
Звезды Голливуда этого не знают.
Он поясняет: «Да потому, что его телохранителями были именно эти девочки...»
Звезды Голливуда поражены: «Так это, оказывается, документальная история! Можно этих девочек увидеть?»
«Можно, – смело отвечает Ян, – хотя в монастырь дороги завалены горной лавиной».
«А это откуда?! – думаю. – Да, ладно...»
Потом Чак Норрис просит прощения и отходит, но остается Бенни

Уркидес.
То, что мне о нем рассказал Ян, впечатляет: восьмикратный чемпион мира по кулачным боям, каратист, айкидоист, кикбоксер. Всем ставит трюки и бои, со всеми дрался и всех побил… Сегодня, говорят, Бенни Уркидес – первый человек по этим делам в Голливуде. Ну, и выглядит он соответственно – лицо, как кулак, все в буграх и вмятинах, маленькие глазки выглядывают как из бойниц.
«Ну, о чем я с ним буду говорить?!..» – думаю. Пускай Ян общается. Помню, как поднялось во мне тихое высокомерие – пусть я бедный, но за спиной моей тонны прочитанной литературы, два, а то и три (это как посмотреть) высших образования. Ну, о чем мне с ним говорить?!
На какое-то время я отключаюсь и не слышу их разговора.
Конечно, я ведь слышу только себя. Я полон своей важности.

И вдруг Ян на меня пальцем показывает и говорит, что это моя заслуга, что так захватывающе написано.
Мне приятно, я киваю… Это-то я слышу хорошо.
Бенни Уркидес смотрит на меня своими крохотными глазками, хлопает ими – «хлоп-хлоп…». И вдруг я слышу изо рта его над скошенным подбородком вырывается что-то до ужаса знакомое.
Я не вспомню уже, что это было, но что-то поразительное – это точно. Он цитирует давно мной забытое, из средней школы…
Типа, сна Наташи Ростовой из «Войны и мира».
Причем, фигачит он его наизусть.
И тут же выражает свое восхищение графом Толстым, презревшем светское общество, говорит об его стремлении изменить мир, о высокой гражданской позиции.
И это говорит Бенни Уркидес – американец, кулачный боец.

Графа Толстого я называю первым ударом.
Вторым ударом становится Достоевский, и не всем известные «Братья Карамазовы», а «Белые ночи». И к ним вдобавок признание, что Достоевского он, Бенни Уркидес, любит больше всего, любит эмоциональное письмо Федора Михайловича, его стремление разоблачить больное общество, его сопереживание простому человеку.

Вот это я уже называю «хук в челюсть»…
Ну, и нокдауном становится Гоголь – его «Нос».
Неужели есть перевод на английский, думаю я.
Заканчивает он любовью к Рахманинову.

Сижу удивленный и пристыженный – так я себя чувствую.
А он напротив меня – очень открытый, улыбчивый. Таким представляется сейчас.
И мы говорим. Есть о чем. Я и десятой части не читал из того, что он.
Нет, я не пишу о том, что не разглядел в нем Толстого и Достоевского, это было невозможно. Я пишу о себе. Кого я мог разглядеть, такой?! Погруженный в себя, полный высокомерия.
О своих мыслях я пишу.
Тогда еще я не мог это сформулировать… Тогда еще не знал, что это настоящая работа, очень тяжелая – пытаться услышать другого… открыться… почувствовать. Сопереживать!
Я думал, что я могу это делать, я не считал себя
законченным эгоистом, не дай Бог!

Прошло лет семь-восемь.
К этому времени, я уже понимал, что есть эго.
Понимал, что именно оно мешает мне услышать другого.
Вообще почувствовать кого-то, кроме себя.
Уже шла работа… Как услышать?! Как почувствовать?!

И вот, снимаем мы телепередачу в Москве. Наш ведущий, Толя, разбирает тему «Красота».
В студии перед ним сидят две женщины.
Слева сидит женщина неопределенного возраста – «синий чулок».
Она утверждает, что главное – это внутренняя красота человека.
Справа сидит молодая красавица и возражает.
Рассказывает, как она встает утром, принимает ванну, выпивает чашечку кофе, какие духи предпочитает, очень дорогие, какую одежду «от кутюр».
При этом девушка, чтобы вы знали, приехала на последнем «мерседесе», ее привез шофер, кроме того, мне шепнули,

что она работает «по сопровождению», и один ее рабочий день стоит, как две моих месячных зарплаты.

По какой-то непонятной причине девушка «по сопровождению» согласилась сниматься бесплатно. Сидела она в мини юбке, да такой мини, что мы не знали, как ее посадить, чтобы все-таки было услышано содержание передачи. Говорила спокойно, убедительно...
А девушка, «синий чулок», нервничала, и ей приходилась доказывать свою правоту.
Ну, думаю, вот так и побеждает пустота этого мира в олицетворении нашей красавицы.
Снова, обратите внимание, те же мысли – свысока...
Снова – та же внутренняя ухмылка...
И снова я получаю урок.
Возвращаюсь с перерыва, смотрю, сидит эта красавица, погруженная в книгу.
«Какую же книгу мы читаем?» – думаю.
Присматриваюсь. Оказывается, это моя книга, оставил ее на столе, – «Шамати» («Услышанное»), книга каббалиста Бааль Сулама о внутренней работе человека. Все о том же, о работе со своим эгоизмом. Глубокая, очень тонкая и не простая книга. Все время ношу ее в кармане, а тут оставил на столе.
Обращаюсь к девушке: «Простите, – говорю, – есть тут еще книги, эта, наверное, Вам не очень понятна... Вот, – говорю, – возьмите журнальчик». Подвигаю...
А она поднимает на меня свои большие глаза.
И как будто впервые видит.
Говорит, вдруг:
– Это «Шамати» Бааль Сулама. Моя любимая книжка. Я два года ее уже читаю.
Стою, обалдев... Спрашиваю:
– И понятно?!..
– Я все это чувствую, – говорит.
Что я мог ей ответить?! Что снова передо мной прокрутили тот же урок. Что снова сказали мне: «Никого ты, кроме себя, не видишь!»

Да, этот урок был посложнее и поглубже.

Когда в абсолютно совершенную внешнюю форму (видели бы вы эту девушку!) вложили настоящее внутреннее содержание...
А я не разглядел.
Потому что снова, заранее, в мыслях, был выше.

Но на этом история «моих университетов» не заканчивается.
...Проходят еще пять лет.
Я на нашем, каббалистическом конгрессе.
И вот, сижу я в кругу своих товарищей, делаю все усилия услышать их, выйти с ними на настоящую связь...
И вдруг, ловлю себя на мысли: «Я знаю все, о чем они скажут...»
Одна мысль и все разрушено!.. Я уже над ними. Я слышу только себя.
Но вдруг начинает говорить белесый, невзрачный парнишка, грустный такой, о котором я раньше подумал: «Ну, что нового он мне скажет?»
И я ощущаю просто... ну, просто ПОЗОР!..
За себя. За мысль эту свою!
Он разрушает мое бетонное сердце.
Столько силы в его словах, столько открытости, столько желания, чтобы мы прямо сейчас, здесь, почувствовали, что такое...
возлюбить ближнего. Не на словах, на деле.
Никаких штампов, никакой литературщины, дешевой философии, человек говорит из сердца. Не боясь, раскрывает его и кладет перед нами.
И вот второй говорит, и тоже – какая сила! И третий!
И я чувствую, как я мал по сравнению с ними...
Как они велики, эти ребята! Как они искренни!
Я слышу их. Я их чувствую.
И понимаю – не на словах, что такое – одно сердце, одно дыхание...
Понимаю.
Я уже другой...

/ это
не я /

Подумал я недавно о любви.
Была причина.
Сразу вспомнил, как снимал фильм «Встретимся» и попал в Освенцим с моей героиней Маут.
Ходим мы, ходим… – радости мало.
И вдруг приходим в какое-то странное место.
Сразу у меня сжалось внутри что-то.
Поле ям.
Тысячи черных дыр.
И гробовая тишина…
Оказалось, что это туалеты. Открытые, без перегородок.
Людей загоняли сюда с утра… всех. И они стояли или сидели так друг перед другом… Представить трудно.
Вспомнил Игоря Губермана, снимал я его в Бутырской тюрьме.
Зашли мы в камеру, он мне указывает на ведро и говорит:
– Ты знаешь, что это?
– Нет, – говорю.
– Это параша. Самое убийственное в тюрьме – это параша… Я не мог этого выдержать, чтобы вот так, перед всеми ходить…
А тут тысячи дырок.
Утром загоняют тебя и ты хочешь – не хочешь, должен… Вечером – то же самое.

Я еще сказал Маут:
– Вот так и убивали «я» в человеке.
А она мне:
– А его не убить.

Я ей говорю:
– Тебе, конечно, виднее, Маут, ты все это прошла, но…
Сколько известно случаев, что человека в ничто превращали.
А она мне отвечает, она меня и не слушает:
– «Я» человека – это маленькая точка, вокруг которой
строится вся жизнь его. И я думаю, – говорит, –
что эта точка – Любовь. И убить ее нельзя.
Стою. Молчу. Не хочется возражать ей.

И тут же рассказывает мне Маут о своей подруге.
Вернулась она единственная из Освенцима.
Попала с мужем туда, думала, на время. Везли их из
Голландии в мягких вагонах, ничего не рассказывали.
Приехали. Прошли селекцию.
Мужа она после этого не видела, но как-то
передавали весточки друг другу…
И вот эта подруга начинает умирать. Уже ничего не ест, все
из нее тут же выходит, боли страшные, ну и так далее…
Поставила ей диагноз ее соседка по бараку – врач-
гинеколог. Сказала, что кончается она.
Она спокойно это восприняла. Только одна мечта была – увидеть
мужа.
Последний раз она его видела красивым, чуть поседевшим, крепким.

Смогли сообщить мужу, что она умирает.
И смогли они увидеться.
И встреча произошла именно на этом поле, вечером,
среди этих ям, среди всего этого ужаса…

И вот встретились они, два скелета.
Он даже изможденнее, чем она. Она увидела человека, еле
передвигающего ноги.
У него уже не было волос, лицо такое худое, что,
подумала она, позор ей думать о себе…
И подумала еще, что браки совершаются на небесах.
И она его по-прежнему любит. Такого!..
Она сказала:

– Как страшно, что я тебя больше не увижу.
Он сказал:
– Мы сейчас с тобой молодые. У нас впереди
целая жизнь и я тебя очень люблю.
Она сказала, что думала сдержаться и не
плакать, но не смогла, заплакала.
«Я заплакала из-за того, что он так хотел поддержать меня, –
рассказывала она. – Он еле дышал. С отдышкой, с хрипом
произносил каждое слово. Он с трудом двигался.
Он выглядел гораздо хуже меня. И он, такой, хотел меня спасти.
Мы обнялись. Два скелета.
Он на меня посмотрел…
И вдруг взял за руку.
И повел к женщинам.
И сказал им:
– Люди, мы вас очень просим, прикройте нас,
пожалуйста. Дайте нам побыть вместе.
Женщины стояли, не было ни одеял, ничего, конечно.
Чем нас прикроешь…
И тогда они повернулись спинами, стали кругом и прикрыли нас…
И он был со мной.
Непонятно сегодня, как это все произошло…
Но так я выжила.
А он – нет».

Вот, что рассказала мне Маут о своей
подруге на этом страшном месте.
– Он хотел дать ей силы жить. И дал.
– И еще, – сказала Маут, – Любовь – это когда не думают о себе.
И добавила, – эта точка есть в каждом. Это – точка Любви.
Она и есть «я» человека.
А не то, что мы думаем…

…О любви я подумал недавно.
Вот и вспомнил.

/ открытое
письмо
сереже /

Я работал. Вдруг вижу, кто-то прорывается по скайпу.
Смотрю, написано «Сергей», и ни фамилии, ничего.
Отвечаю.
Слышу голос:
– Серега – первая батарея, вторая койка за твоей, второй ярус, из Брянска… Помнишь?!
– Серега! – кричу. – Забыть, как мы бруснику горстями, из пилоток? – говорю и ощущаю, 32 года минуло, а как вчера! – Забыть, как ты комбату сказал: «Не трогай его…» (это меня). Да как же я забуду!..
– Я не для этого звоню, – говорит, – все это прошло, и прошло. Я о твоем блоге.
– А я еще не хотел его открывать… Столько ребят нашлось через этот блог!..
– Ты меня раздражаешь, – он говорит. – Мог бы тебе это написать, но я хочу сказать лично. Ты уже просто достал всех этой своей херней. Я вижу, как ты крутишь-вертишь, все рассказы к этому сводишь…Ты на улицу выходил?!.. О каком единстве ты говоришь?! Что ты людям лапшу на уши вешаешь?!
Выгляни в окно!.. Кто у власти?!
Кто при бабках?! Тебя когда-нибудь твои же друзья сдавали?!..
Тебя наё…вали когда-нибудь те, с кем ты соединяя-а-аться шел!?..
Плевали тебе в морду те, кому ты лицо открывал?!..
Молчу.
– О каком объединении ты говоришь, придурок?! Прекрати!..

Молчу. Не то, чтобы ответ не приходит, полная уверенность – не услышит.
– Не пудри людям мозги!.. Не лги!

И тут я не выдерживаю.
– Я не лгу.
– Лжешь!
– Нет. По-другому не может быть.
– Это он тебя накручивает! Скажи своему Лайтману…
– Сережа… – прерываю его, – давай так… если ты позвонил для этого, то я все понял. Если вспомнить, как мы тогда…
– Не хочу ничего вспоминать!
– Что-то у тебя происходит?!
– Не твое дело!

Гудки. Тишина. А память работает.
Красивый, улыбчивый парнишка из Брянска. С улыбкой взлетал над койкой во время подъема, когда мы вставали, все проклиная. Пел моего любимого Высоцкого так, что вся батарея сходилась его слушать… Это он. И это наш разговор после 32 лет?
Что с тобой, Сережа? Или что со мной? Что произошло с нами?..
Я думал-думал и решил не звонить тебе.
Решил написать. Ведь ты читаешь мой блог.
Хочу, чтобы не только ты это слышал.
Хочу поставить все точки над «и».
Может, кто-то еще не понял, в какую ловушку попал.
Так вот, я поясняю.
Да, я не просто рассказываю истории, все они имеют практически один конец.
Я этого и не скрываю.
Я решил написать тебе открытое письмо.

ОТКРЫТОЕ ПИСЬМО СЕРЕЖЕ
Я все думал, Сережа, как бы соединить мне мозги с чувствами. Ты же меня знаешь, у меня плохо с логикой, идут вперед эмоции, не остановить.
Начну резко. С утверждения.

Все-все, вся наша жизнь, со всем, что в ней
происходит, со всеми страданиями, радостями, дана
для того, чтобы мы поняли, что связаны.
Мы – в Законе, Сережа. В Законе Единства, другого нет. И в нем
мы все связаны. Предают друзья, уходят жены, все убийства, суды,
бандиты, – все это, все, ведет, толкает нас только к одному – к связи.
Знаю, что ты подскакиваешь сейчас, чтобы позвонить
мне снова. Подожди. Дочитай до конца. Я попытаюсь
и логически это объяснить. Как смогу.

Что вспоминается человеку, Сережа, когда его спрашивают
о счастливых моментах его жизни? Говорят ему:
«Человек, что ты вспоминаешь, только честно?!»

Я спросил как-то миллионера Андрюшу, мы с ним работали на
Ижорском заводе, он был мастером цеха, а я уже начальник ПРБ. Так
вот, встретились мы пять лет назад. Ехали в его, по-моему, понтиаке,
водитель в белых перчатках, сидим, ноги вытянуты, перед нами бар
с выпивкой. Выпили… И он говорит мне: «Знаешь, что я вспоминаю,
что мне греет сердце?» Я предполагаю: «Первый заработанный
миллион?» Он: «Нет, как мы с тобой лежали в промокшей палатке в
карельском лесу… Как я проснулся утром, а на мне твое одеяло… Ты
меня накрыл своим одеялом». Я ему говорю, мол, ты палатку ставил,
ты больше промок, а мне тепло было… Он мне: «Не надо только мне
праздник портить, ты мне свое одеяло отдал, вот и все!»
Вспоминает он, Сережа, не то, как миллионы делал, не то,
как в кругосветки десятки раз ходил, не то, как в любой
гостинице перед ним расстилались и расстилаются… А
наша связь с ним вспоминается… Наше тепло там, в палатке,
под ливнем, который не прекращался десять дней.
Не было там никакого расчета, Сережа, вот это ему вспоминается.
То, как дарили друг другу тепло… Просто дарили и все. А какую
рыбу он жарил!..
Что такое счастье, я спрашивал тех людей, которые уже
состоялись. У них уже закончилась гонка за мнимым «счастьем»,
они уже могут позволить себе вспомнить настоящее.

Дани – мой израильский друг. Он руководит крупным хайтеком. Они сейчас умудрились заполучить 70 процентов заказов от Apple. Так вот он говорит: «Да, мы очень крутые, да, я бываю на всех конференциях, да, у меня дом трехэтажный в кармиэльских горах (в самом красивом месте Израиля). Но ты же спрашиваешь меня о счастье?.. Так вот, когда собрались мы, группа ребят, когда ничего не было у нас… И сидели вместе… Думали, как будем вместе работать, – вот это было счастьем… И не то, что хотели мир завоевать, всем показать, кто мы такие, нет, а то, что сидим вместе, равные, что это вообще возможно – вот так сидеть. От этого нам хорошо было… И очень счастливо, очень».

Их, Сережа, еще не разделяли деньги, они еще не начали подсиживать друг друга, еще не родилась зависть. Отдавали друг другу тепло, радовались ощущению – быть вместе. И это он помнит, Дани… И не забудет никогда.
Нину, мою жену, спрашиваю… Помнишь, девушка присылала мне посылки в армию, ты еще любил сгущенное какао, так вот, это Нина – она стала моей женой. Она говорит, что счастье – рождение Илюши, нашего сына. И не само рождение, а то, как она не ела, не пила, как вся жизнь ее вдруг вокруг него закрутилась, вокруг Илюшки, эту связь она помнит… Эти бессонные ночи… Страх, что она может прерваться, эта связь… хоть на мгновение!.. На нашем земном уровне это и есть настоящая отдача.
Потому она и вспоминается. Когда не думаешь о себе. Все – ему. От этого – счастье.

Хочешь еще примеры? Да их миллион!
Что, ты думаешь, вспомнит Маккартни, если его честно, откровенно спросить… Что вспоминалось одинокой Хьюстон, одинокой со всеми ее победами, оскарами, что?!..
А чего так хотел Высоцкий?!..

А ты?! Ты, Серега! Неужели ты не помнишь самые счастливые минуты наши, когда мы, потные, грязные, сбились в кучу в промерзшем вагончике, двадцать пять человек,

и сказали: «Пусть нас зашлют, куда хотят, только бы не
расставаться. Да хоть Афган!» Что мы тогда о нем знали?!
Но, помнишь, мы даже написали письмо, что хотим вместе
в любую дыру, в любую точку мира, только бы вместе…
Как ты радовался! Какое счастье витало там, в вагоне, как тепло нам
было! За окном минус тридцать пять, а тут – Ялта в самый сезон…
Эх, Сережа, Сережа, бегут впереди эмоции, не могу
сдержаться, уж извини! Но ведь было же это?!..
И уверен, если спросят тебя, – скажешь, не соврешь,
скажешь, что помнишь все это, и еще как!..
Скажешь: «Да, это было счастье нашего соединения».
Скажешь ведь!? Скажешь!..

Заканчиваю. Теперь чувствую, что готов говорить с тобой.
Позвони. Я очень жду твоего звонка.

/ как хорошо, что ты пришла, сэнди /

Перевели на английский книгу «Тайные притчи Библии», я ее писал по беседам с моим Учителем – Михаэлем Лайтманом.
Ну, дал я ее прочитать Джозефу – он американец и мой давнишний приятель.
Он как раз летел в Нью-Йорк на конференцию.
Я ему сказал:
– Джозеф, тебе все равно нечего делать 12 часов в полете. Почитай, а?!
Он вздохнул, он книжек мало читает, электронщик.
Вздохнул, но взял.
В самолете он посмотрел два новых боевика со Сталлоне, нового Джеймса Бонда. Романтическую комедия с Джулией Робертс…
Соответственно, книжку не прочитал.

Прилетел в Нью-Йорк, чтоб не общаться в гостинице с коллегами (не было настроения), поселился в однокомнатной квартире на Манхеттене (когда-то приятель дал ключи). Дом был почти пустой (шел на капитальный ремонт).
Первый день конференции прошел хорошо, – так он рассказывает.
Второй – еще лучше, он делал доклад о новых технологиях, все впечатлились.
На третий день в город пришел тайфун по имени Сэнди.

Сэнди, как вы помните, все ждали.
Но она, Сэнди, превзошла все ожидания.

Повела себя, как женщина, которой уже нечего терять.
Стала выкорчевывать из земли деревья.
Стала сбрасывать их на машины, на провода, на дома.
Вот такое дерево и легло поперек квартиры Джозефа.
Закрыло ему и входную дверь, и окно.
Кроме того, вырубило электричество.
И, конечно, интернет.

Мобильный зарядить не успел.
Простой телефон в доме был… Но использовался как пепельница.
– Сначала все это казалось приключением, – так Джозеф рассказывает. – Сначала улыбался. Шутил в пустоту.
Пытался как-то выбраться из дома. Дверь и на миллиметр не открывается.
Через несколько часов начал нервничать.
Начал размышлять: кто знает, что я в этой могиле поселился?
Жильцы уже съехали, строители еще не пришли.
Хозяину квартиры не звонил. Ключи он мне оставил три года назад.
Жены у меня нет. Детей нет. Родственников здесь никаких.
Друзей тоже. Ты (это он мне) если будешь звонить, то куда?!..
Ну, и кроме того, с каждым часом в могиле становилось все холоднее.

– Нашел я спичечную коробку, – рассказывает Джозеф. – С двумя спичками. Нашел еще три банки тунца, я его ненавижу.
Ну, и было у меня полторы бутылки минеральной. Вот и все.
Покушал, лег, стал думать, сколько продержусь. А если Сэнди не успокоится? Прогнозы были – три дня… А если больше?!
А если неделю?!... Не-е-ет. Не может такого быть!..
Вот с такими мыслями засыпаю.

Просыпаюсь… ничего не изменилось.
Та же квартирка. Та же могила. Тот же потолок с подтеками.
И так же завывает за окном.
И очень холодно!
Набрасываю на себя все, что нахожу.
И вдруг думаю, ну, веер мыслей. В 21-м веке в центре Нью-Йорка замерзает не просто человек, это же я замерзаю! Я!

Только два дня назад я был уверенный, самонадеянный, ироничный, умный, реальный… Это был я?! И тут же мысль – надо вставать. Ну-ка, вставай!.. И тут же другая – а зачем?! Замерзну, на фиг!.. Ну и что?!..
Сжимаюсь и убегаю в сон.

Так я делаю раза три… Сплю… в надежде, что проснусь и все будет по-другому. Что откроется дверь… и в двери будет стоять улыбающийся нью-йоркский полисмен и скажет мне: «Доброе утро, сэр, извините, что мы так задержались». И в руках у него будет дымиться горячая миска с фасолевым супом… я ведь так люблю фасолевый суп!
Просыпаюсь…
Полисмена нет. Супа нет…
Вой за окном, не прекращается.
И ужасный холод.
И мысль: «Три года в этой квартире никого не было. Труп найдут по запаху».
Третий, четвертый день я не встаю.
Нет сил. Нет желания. Все время клонит
ко сну. И страшная слабость.

На пятый день я вскакиваю с дивана.
Эта идея пришла ко мне во сне. Я хватаю с полок книжки – справочники, они толстые, сухие, кладу их на пол… и осторожно чиркаю спичкой… Загорается… Руки дрожат. Разжигаю бумагу. Вспыхивает сразу.
И сразу становится легче. Сразу радостнее жить. Сразу возвращается надежда… Но в то же время мысль – книг мало… Я всегда знал, что этот Джон, хозяин квартиры, неначитанная скотина, но чтобы такая неначитанная!..
Решаю открыть банку тунца… последнюю.
Сижу… жую…
Подбрасываю в костер какие-то учебники… И вдруг попадается Фолкнер. Как он сюда попал?! Зачем этому Джону – Фолкнер?!

И вдруг (может, это благодаря Фолкнеру?!) – мысль:
– Что жизнь моя?..
Я настораживаюсь.
– Ну, что жизнь моя?!.. – повторяется мысль. – Ну, для чего жизнь моя?! Для чего?!..
А я ведь никогда не задавал себе этот вопрос. Поэтому настораживаюсь.
– Для чего ты жил, Джозеф?! – голос, похоже, мой. Звучит очень ясно. – Думай! – слышу свой баритон, – времени у тебя навалом. Вопрос простой. Пока не сдох, постарайся на него ответить.
Завывает ветер.
В зеркале я вижу себя. Выгляжу страшно.
Да еще этот вопрос…
И вот, я сижу и думаю:
– Так, что же я делал всю жизнь?!.. Во что верил?.. Что любил?..
На что, короче, она ушла, жизнь?!
Жены нет. Не хотел себя обременять.
Детей нет. Думал, будут мешать, зачем они нужны?
Работа?.. Да, есть… Ну и что? Можно засунуть в задницу все мои великие идеи…
Чем дальше мыслю, тем становится тоскливее.
А друзья? Настоящие?
Нет их…
Почему? Ну, не нужны были!
Через час сгорает Фолкнер.
К утру я сжигаю самый толстый справочник.
На пластиковых полках не остается ничего.

– И тут я снова вспоминаю тебя, – говорит Джозеф. – Нет, не тебя, книгу, которую ты дал почитать!.. А это, уж извини, еще двадцать минут тепла, как минимум. Я вытаскиваю ее из пакета, верчу в руках… Думаю, надо все-таки открыть, для приличия… Открываю. На первой же странице вызывающая надпись: «Уважаемый читатель, если ты ни разу в жизни не задавался вопросом: "Для чего я родился?", – эта книга тебя не заинтересует».
Ну, предположим… Что дальше?..
Переворачиваю листы.

И тут ты меня убиваешь просто!
- Не я, - говорю, - Лайтман.
- Ну хорошо, твой Лайтман. Убил! Убил он меня. Убил!..
Замолкает. Кивает. Молчит долго. Взгляд
где-то там, за окном, блуждает.

- Ну! - говорю. - Что? - говорю.
- Я читаю, и у меня в груди… вот здесь… колотит… Каждое слово…
каждое!.. про меня…
- Значит, перевод, - говорю, - хороший перевод?
- При чем здесь перевод?!.. Ты знаешь, что это такое, когда каждое
слово вот сюда?! - тыкает в сердце.
- Знаю, - говорю, а сам думаю: «И это Джозеф?! Не может быть!..»
А он шепчет:
- Я вдруг понимаю, что всегда хотел только этого…
«И это холодный бесчувственный Джозеф!» - я потрясен.

- И вдруг… - говорит он, - ты не поверишь, но я чувствую… Я
просто физически чувствую - меня что-то окутывает. Что-то
теплое, как пуховое одеяло, родное, будто мама обнимает…
Со мной никогда такого не было. Я оборачиваюсь. Я сижу за
столом, в светлой комнате… От окна лучи света тянутся. Там
вдруг вышло солнце… Нет, это не иллюзия, я в той же квартире
на Манхеттене, но ощущение… ощущение праздника!..

Я невольно улыбаюсь. Невольно представляю, что я с ним, там, и
поэтому улыбаюсь… А он продолжает.
- Я читаю, - продолжает Джозеф, - он пишет, твой Лайтман, что
это и называется «райский сад»… что он во мне. Адам во мне! Это
желание мое отдавать другим! Не думать о себе!.. Вот, что такое
Адам… И я чувствую это! И что такое женщина во мне - чувствую.
И что такое змей во мне…
Я молчу. А что я ему скажу?!
Передо мной не холодный и логичный Джозеф, а чувственный и не
сдержанный друг.
А он продолжает, так же, на взлете:
- Светло в комнате. Так хорошо!.. И я читаю о потопе. И

наконец-то, понимаю, что такое потоп! Это когда меня заливают мысли о себе! Страх за эту свою шкуру!.. Вот, что такое потоп! И я так хочу подняться над ним. И вдруг понимаю, как это сделать. Я вдруг вижу Noaha! Вот же он – Noax. Вот же он – во мне! Это желание Любить! Отдавать! Вот оно!.. И я говорю себе: «Неужели ты не видишь?! Иди за ним!» И я иду за ним… И я плыву над страхом. Я в ковчеге… который не потопить.

Джозеф замолкает. Я боюсь спугнуть эту тишину. Молчу, как рыба. Боюсь моргнуть, не то, чтобы пошевелиться…
А он вдруг говорит:
– Я оглядываюсь вокруг. Там бушует Сэнди… Здесь я, перед затлевшим костром. Мне тепло. В руке у меня Книга. В сердце одна великая мысль. И мне не страшно. Мне, знаешь, мне так хорошо, как никогда не было!..
Переводит на меня взгляд.
– Мне безопасно… и тепло.
Молчим.
Долго так сидим.
Очень долго.
– Ты не поверишь, – говорит он вдруг. – Через полчаса застучали молотки… Меня нашли.
Я киваю. Я знаю, это – правда.
– Потом мне рассказали, – продолжает он, – что кто-то увидел дым, который выходил из каких-то там щелей… Так они поняли, что кто-то есть в этом забытом богом доме. И пришли спасать…

Теперь Джозеф смотрит на меня.
– Но я-то думаю, что все это не так, – говорит он. Смотрит по-прежнему пристально.
– То есть? – спрашиваю. – Что ты на меня так смотришь?
– Я, конечно, никогда не верил ни в какие чудеса, – говорит, – но меня обнаружили… Ты слышишь меня?
– Ну?!
– Именно, когда я дочитал книгу до конца… Буквально через полчаса.
Сказал и снова молчит.

– Что ты этим хочешь сказать?!.. – говорю.
– Я клянусь тебе, все было именно так…
– Я тебе верю
– Как в ковчеге.
– То есть?!
– В тот момент, когда я только к этим мыслям пришел… Может, от испуга, может, от голода, не знаю, но понял я, что есть только любовь и отдача, вот и все!... И что это главное, и что это и есть жизнь!... Так сразу же и открылись мне двери…
Он кивает мне. И вдруг улыбается.
– И я родился…
– Родился?
– Там так и написано: «В первый день десятого месяца начали отходить воды потопа…».
– И ты родился, – говорю.
– Родился, – говорит.

Мы стоим друг напротив друга, близкие и родные.
– А что если тайфун этот, – говорит Джозеф, – пришел в Нью-Йорк…только для того, чтобы я прочитал эту вашу книгу… Ведь иначе бы я ее не прочитал…
– Конечно, – говорю. – А как тебя иначе было заставить?
И видя его реакцию, быстро завершаю:
– Шучу я, шучу...
Он делает шаг. Мы обнимаемся.
…А я не знаю, шучу ли я.

***

Мы потом еще проговорили час или два.
Он ушел возбужденный.
Звонил потом каждый день.
Мы встречались, он восторженно рассказывал о новых открытиях…
Потом неделю его не было.
Сказал, что срочная работа.
Потом исчез на месяц.
Оказывается, получил очень выгодное предложение.

Встретил его два дня назад, как-то случайно, на бегу…
Он сказал, что по уши в делах…
Сказал, что позвонит.
Не позвонил.

…Я потом говорил с Учителем.
Он сказал, что иногда дается такой подарок человеку. Как аванс.
Но чтобы удержать это счастье, надо научиться передавать его другим.
Это работа, конечно, но такое возможно.
Больше того, необходимо…

…Думайте обо мне, что хотите, но я знаю, что однажды подниму трубку и услышу голос Джозефа.
Он скажет мне: «Я вернулся».

/ подкуп /

Долгое время был я уверен, что неподкупен.
Потом понял, что это иллюзия.
Разве можно быть неподкупным в нашем мире?
Ведь живем для себя.

Я служил в армии уже около года. Служил глубоко в лесу, в Архангельской области. Как-то подходит ко мне Дигуров, старлей, борец, красавец, осетин, и говорит:
– Поедешь со мной за молодыми в Ереван.
Я так обрадовался! Еще бы, вырваться из вечной зимы к солнцу, мясу, коньяку, людям, винограду… Я ведь год не был в отпуске.
И вот, мы едем.

Приезжаем в Ереван. Приводят нас на сборный пункт, он мне сразу показался странным. Закрытая высоким забором территория с одним входом и одним выходом. Выход прямо к вагонам.
Нам сразу объясняют, почему так.
– Они бегут, – говорят нам. – Призывники, армяне, бегут. И поэтому, говорят, упаси вас Бог, сказать, куда вы их везете. Говорите «за Москву».
И вот мы начали говорить «за Москву». И, наверное, народ нас не так понял. Подумал, что «в Москву». Потому что вдруг вижу, подваливают к нам крутые ребята, – в джинсовых костюмах, в очках-полароидах, – тогда это было писком моды.
И все из центральных районов Еревана.
Мы тихо, не добавляя ничего к сказанному, собрали у них паспорта и закрыли в сейфе. Набралось 25 «орлов».

К вечеру мы вышли в город поесть.
Это был 1979 год. Так вкусно я давно не ел. Сидели в каком-то открытом ресторане, прямо в форме, и ели, и ели. Ну и пили. Дигуров опрокидывал стаканами, я – рюмками.
Я сначала оглядывался, патрули шастали вокруг все время, но, мистика какая-то, нас не видели.
Потом я уже перестал оглядываться, потерял контроль.
В общем, с трудом мы дотащили друг друга до базы. Свалились.
Утром встали, как новенькие (лишнее доказательство, что продукт был качественный), и открыли сейф.
Оказалось, что за ночь нам заменили все паспорта. Блатные Еревана раскрыли, что мы везем их не в Москву. И вместо 25-ти блатных у нас оказалось 25 простых ребят с окраин.
Ну, что делать, стали мы их заносить в списки.

Пишу я, пишу, вдруг чувствую на себе чей-то взгляд. А маму свою, напоминаю, я не видел уже год и, конечно, стосковался.
Так вот, поднимаю глаза. Стоит передо мной моя мама. Я замер. Я обомлел просто. Моя родная мама – вот она!.. Как она сюда попала?! Смотрю на нее, сердце бьется. И даже выскакивает.
– Мама!.. – произношу.
А она мне говорит:
– Куда вы едете?!..
Только сейчас понимаю, что это не мама. Акцент выдает.
Но сумасшедшим образом похожа на мою маму. И смотрит куда-то в списки, которые я заполняю. Тычет в них пальцем и говорит:
– Вартан – это мой сын, – и спрашивает, – куда вы едете?!..
Я отвечаю ей, что нам запрещено говорить об этом.
– Умоляю, куда?!
– Ну, в общем, за Москву, – говорю, – но не в
Москву, – уточняю. – А за Москву.
– Куда за Москву? – не отстает.
– Не могу. Нельзя нам, – пытаюсь выкрутиться.
А она настаивает, не отстает:
– Ты обязан мне сказать!.. Обязан!.. Это мой сын, Вартан!..
Вот это «обязан» меня добивает, подхожу к Дигурову и говорю:
– Товарищ старший лейтенант, скажите женщине, куда мы едем.

– Нельзя, – отвечает и смотрит на меня грозно, но я уже вижу, что не возражает. И тогда говорю «маме»:
– В Архангельскую область едем, в лес.
Она – чуть не в обморок, побелела, пошатнулась и вышла.

Что было дальше, мне рассказывал ее сын – Вартан. Она пришла домой и сказала:
– Сынок, Вартан, беги!
...А он остался.
– Я уже три раза бегал, – рассказывал он мне. – А тут вдруг подумал, не побегу. Почувствовал, что вас встречу, товарищ сержант. В этот момент глаза его хитро блестели, подкупал.
Так он и не сбежал, пришел ночью, прямо к отправке... Такой горный орел в белой кроликовой шапке. И в рубашке.

Как мы ехали, это особая история.
Но приехали, все-таки. Я бы сказал, несмотря ни на что. Снег валит. А они в рубахах. Спрыгнули в сугробы.
Тут же ждут их наши бравые «старички», беззастенчиво ощупывают их одежду. Прищуриваются. Прицениваются. Примеривают на глаз.
Им ведь скоро на дембель.
Ребята мои, армяне, приуныли.

Приехали мы в часть, я говорю Вартану:
– Сейчас вас будут распределять, просись не ко мне, а во вторую батарею. Понял?..
– Я с Вами хочу, – отвечает.
– Идиот! – говорю ему. – Из нашей батареи попадешь на Новую Землю, из второй в Краснознаменный Бакинский округ. А оттуда до Еревана раз плюнуть.
Ушел он распределяться.
Ну, думаю, благодари маму свою.

Проходит час. Идут обратно. Уже половина их осталась. Я еще издали вижу – «идет белая шапка». И он, Вартан, под ней.
Я на него набросился:
– Ты что, меня не понял, ты же себе сейчас приговор подписал?!..

А он мне говорит:
– А я решил с Вами быть… А там, что будет, то будет.
Вот так он и остался.
А я «подкупленный» его мамой, так похожей на мою, назначил его на самое блатное место в батарее – каптером назначил.
Я уже тогда стал старшиной батареи,
неожиданно. Это тоже особая история.

Так вот, я сделал его каптером.
А это, товарищи, место за которое все бы отдали всё!.. Это покруче любого другого места будет!.. Командир части позавидовал бы!
Генеральный секретарь!
В каптерке всегда тепло, уютно. Можно часами лежать на матрацах и ватниках, жить со своим чайничком, брать взятки у солдат за то, чтобы выдать им не дырявые валенки, не протертые рукавицы, не продуваемую всеми ветрами шапку, чтобы припрятать их посылки, которые надо было съедать сразу же, потому что негде хранить… Хранили посылки у него, в каптерке. Взятки он брал «борзыми» – сгущенкой, копченой колбасой, шоколадом, салом… В общем, жил Вартан припеваючи, как на курорте, при плюс 40, когда снаружи было минус 40.

Сначала у меня болела совесть за то, что меня так подкупили.
И я поднимал его каждое утро, вытаскивал из теплой каптерки, и он бежал три километра по бетонке вместе с нами, в одной гимнастерке, как и мы, в самые лютые морозы.
Он прихрамывал, стонал, но бежал.
Месяц он так бегал.
Потом я устал его поднимать… И уже до конца службы он не выходил из каптерки. Начал полнеть и ходить медленно, как это и положено каптеру. Парень он был добрый… Просто место развращает человека… Слаб человек, подкупаем, ничего тут не скажешь!

Далее подкупы продолжились.
Но уже более откровенные.
Приехал его папа через три месяца.

Оказался он развозчиком армянского коньяка по России.
Пришел ко мне и сразу сказал:
– Спасибо за Вартана. Кого подкупить, чтобы он домой служить попал?
Я даже развел руками от этой наглости…
Но он и без меня разобрался. Рассказывали, сам не свидетель, но рассказывали, что на следующий день зашли ребята к начальнику штаба домой и видели ковры персидские на стенах, видели жену его в расшитом восточном халате, и самого его в домашних тапках красоты неописуемой… И еще что-то гулко (множественно) звенело в холодильнике, слышали.
Это звенел коньяк. Много коньяка, так понимаю.
Потому что через 4 месяца Вартан поехал служить в город Ереван. Сначала писал письма. Потом перестал.

Так, возможно ли быть неподкупным, все-таки?.. Возможна такая ситуация или нет?!..
По идее, это может быть только в одном случае:
когда я смогу жить не для себя, – для другого.
Но как этому научиться?!

/ молитва /

Луис приехал из Аргентины. Я из России. Оба мы киношники. Подружились.
Он одним из первых начал «клепать» сериалы в Израиле.
Я подался в документальное кино, когда увидел, что на сценарии здесь не проживешь.
Как-то он мне звонит, говорит, ты должен мне помочь.
Оказалось, что он ступил на мою территорию и запустился с документальным фильмом. Как он сказал, «обреченным на успех».
И еще оказалось, что он уже год его снимает. Фильм о наркоманах.
А я не знал. Он попросил меня пойти с ним на съемку, потому что переводчик заболел, а герои его говорят по-русски.
Съемки были ночные. Меня привезли на место.
Оказалось, что это развалины старинного дома под Иерусалимом. Я знал, что здесь они отсиживаются.

Все, что было дальше, я долго старался забыть.
В маленьких отсеках, на каких-то измусоленных матрацах, кучковались дети. Первые, кого увидел, были еще ничего, – могли говорить, философствовать, отстраненно улыбались, что-то лениво ели, но я уже почувствовал, что это только начало.
Кто-то играл на гитаре...
– Посмотри на его руки, – шепнул мне Луис.
Я увидел исколотые руки гитариста.
Луис вывалил на стол пакет с едой.
– А-а, Луис пришел, – сказал гитарист. – А Алик тебя ждал-ждал...
И мы подошли к Алику.

Передо мной сидел молоденький мальчик.
Как сейчас помню, у него были вытянуты вперед руки, ладонями

вверх. Руки были такие же, как у гитариста. Голова закинута. Глаза закрыты.
Я испугался.
Трогаю его, не реагирует. Я уже никого не замечаю, ни камеры, ни Луиса, пытаюсь этого мальчика растолкать. Бесполезно. Приоткроет глаза и снова закроет...

Мне Луис шепчет, что наблюдает его уже год. Первое интервью было с умным, очень образованным мальчиком. Потом его забирали на лечение раз пять, но он снова сюда возвращался, приходили родители, пытались что-то сделать, но и они поставили на нем крест... И вот это – его последние дни. Он никому не нужен.
«Кроме этой девочки», – говорит Луис.
Показывает на девочку напротив.

Только сейчас ее вижу. Лет 16 ей, не больше, сидит и перебирает в руках обрывки бумажки какой-то. Улыбается. Я ее спрашиваю:
– Как тебя зовут?
– Таня.
– Таня, давай я тебя отвезу домой. И его тоже, твоего парня.
Она мне:
– Мы дома.
Я говорю:
– Таня, если он тебе дорог, посмотри на него, парень кончается.
– Вы не понимаете, ему хорошо.
Я вижу ее глаза. Никогда не видел такие глаза. Какой-то дикий покой в них.
– Таня, ты же понимаешь, что здесь происходит? – задаю идиотский вопрос.
– Понимаю, – говорит. – Здесь хорошо.
– Скажи это в камеру, скажи, – слышу голос Луиса.
И она улыбается и говорит:
– Говорю в камеру, нам хорошо...

Поворачиваюсь к Луису.
– Их надо везти отсюда, я не знаю, куда, но надо срочно везти! Что ты снимаешь тут?!..

– У меня есть разрешение на съемку, – он говорит, – я уже год с ними… И мне надо закончить… Это мои герои.
– Ты ждешь, когда они умрут?! – меня разрывает на части.
– Я их к этому не подталкиваю, – он говорит. – Я просто фиксирую.
– Боже мой, Луис, как ты можешь это снимать?!
– Это настоящее документальное кино, – говорит. – Не твое вранье, а чистая документалка. Голая правда!
– Да положил я на твою правду! – кричу.
Поворачиваюсь к этой девочке.
– Я забираю тебя отсюда! – хватаю ее за руку.
– Не надо!.. – она высвобождает руку, не хамит, улыбается в камеру и говорит. – Да, это правдивое кино, и мы настоящие герои, мы не играем. Нам хорошо здесь… Без вас!

Я слышу ее и только сейчас вижу, что дальше в старых развалинах есть еще и еще отсеки. И там еще какие-то огарки свечей горят…
Вижу, там еще дети… И их не мало.
Накатывает волна. Не могу.
Поворачиваюсь, выскакиваю наружу. Луис кричит мне:
– Ты меня бросаешь?!.. Я же не знаю русский…
Выхожу, хватаю иерусалимский воздух и слышу, как
Луис за спиной говорит на ломанном русском:
– Говори-говори, ты актриса…
– Я Грета Гарбо, – слышу голос девочки.

И бегу оттуда.
Помню, я позвонил в полицию, они сказали, что не приедут.

Мы с Луисом с тех пор не встречались.
Нет, встретились один раз. Я сказал ему, я не
принимаю фильм, в котором нет твоей боли.
– Есть моя боль, – говорит. – Я хочу, чтобы все они были в шоке.
Все, кто увидит.
Я не ответил.
Тогда я пребывал в благородном гневе и в ощущении своей правоты.
Луис доснял фильм.
Фильм действительно производил шок, мне рассказывали.

Так и говорили, – голая правда.
В конце фильма умирали все герои.
И гитарист, и мальчик, и девочка – Грета Гарбо.

Не хотели они жить «в лживом мире, где
все куплено», не видели смысла.
Умирали спокойно, как освобождались.
Не смог я им рассказать, что есть другой
мир, тогда я и сам об этом не знал.

Фильм Луиса я так и не посмотрел.
Не смог себя пересилить.

/ затерянный край /

Мы с женой Ниной, сыном Илюшкой и тремя чемоданами приехали в Израиль в 1990 году.
В 1990 году это был «затерянный край».
Первым почувствовал это Илюша.
Он беззаботно скакал на одной ножке по аэропорту в тот момент, когда мы с Ниной кусали ногти, что же мы наделали.

Потом была война в Персидском заливе. Мы шли по улице, вдруг сирена. Испугались, побежали… И тут высунулась чья-то волосатая рука, затащила нас в подъезд и втолкнула в тесную комнату, забитую марокканской семьей.
Так мы и пересидели воздушную тревогу в тепле, полной заботе и безопасности. Среди многочисленных марокканских детей и родственников.
И жену мою, Нину, даже научили делать «танжин» (баранина с грецкими орехами в глиняных горшочках)…
На каком языке мы говорили?!.. На языке сердца.
Затерянный край! Когда все были сердечными и равными!

Потом произошло чудо и со мной. Я приехал сюда с тренерской книжкой, я еще тренер по баскетболу. Кино снимать, конечно, не собирался. Без языка, без знания местности, куда мне?! И тут появляется Лина Чаплина, прекрасный кинорежиссер, я ее называю, «моей израильской киномамой», ведет на первый телеканал, и меня берут делать маленький фильм-сюжет… Который я и делаю о девочке Тане.

Затерянный край! Тебе просто доверяют – и все. Ни диплома, ни фильмов прежних не требуют. Верят на слово. Говорят, иди, снимай. Снимаю с израильской съемочной группой, с трудом выговариваю три слова. Бегаю перед оператором, показываю, как снимать... Как рыбак, то так руки раздвину, то так сожму. Как танцор, то присяду, то привстану...
Не нервничают, успокаивают, выслушивают, снимают.

Так я мучился, пока не появился мой великий друг и спаситель 17-летний Шурик и стал моим языком. Он был со мной все время. Променял на меня и футбол, и подругу, и море. И все удовольствия на свете. Чтобы не отступать ни на шаг и переводить, и переводить!..

Как я благодарен тебе, Шурик!.. Впрочем, говорю в вечность...
Шурика нет.
В 26 лет он возглавлял компанию, был он компьютерным гением. Как-то устроили они банкет. Встал сказать тост, улыбался он очень красиво и вообще был парень, что надо – рост 185, красавец, атлет...
Только пригубил вино... и тут же упал.
Какой-то там сосудик в мозгу порвался... Умер мгновенно.
Не мучился.
Трагедия была для всех нас. А для родителей – просто обвал...

Но все-таки, несмотря ни на что – затерянный край!..
Где просты и понятны отношения. Где помогают от души. Без денег. Я снял этот фильм, приезжаю монтировать его в Иерусалим на телевидение. Сидит в монтажной длинноволосый монтажер Дани Кац, в круглых очках, похожий на Леннона, курит «Нельсон», самый крепкий табак, две пачки в день. Ни слова не понимает (а я без Шурика). Ноги лежат на монтажном столе – молодец!..
Сухой кивок в мою сторону, я передаю ему пленку, лениво начинает просматривать. Зевает, через каждую минуту. Ненавижу его!..

В этот день ничего не получается.
Ночью я от отчаяния зарисовываю фильм на листе ватмана. Никогда такого не делал. И утром кладу этот лист перед Дани.

И по этому рисунку он лениво начинает фильм собирать…
Но в какой-то момент вижу, настораживается…
Прижимается к монтажному столу, начинает врубаться, даже
сопереживать… То там, то тут подкладывает музыку…
И уже заводится! Растворяется в моей героине.
Она уже и его героиня! Вижу, она улыбается и он улыбается.
Она плачет и он глаз мне не показывает, отворачивается.

Дани-Дани!.. После фильма мы становимся
очень близкими друзьями.
И я узнаю, что он был наркоманом. И еще каким! Он опробовал все
наркотики на свете.
На телевидении его находили без сознания, но не увольняли,
из-за великого профессионализма и редкой душевности.

Когда я с ним познакомился, он уже три года был «в завязке».
И активно помогал другим выскочить. «Утрату» он компенсировал
тем, что выкуривал по 2 пачки «Нельсона» и съедал «тонну»
острейших перцев, у меня уже от одного перехватывало дыхание.
У Дани я буду жить, приезжая в Иерусалим, он будет показывать
мне ночной город, играть на белом рояле, который стоит у него
посреди квартиры… И неожиданно (также неожиданно) он умрет…
в возрасте неполных сорока. Сердце разорвется.
Вот такие дела… Пишу. Не придумываю.
Так получается, что уходят друзья.

И все-таки, затерянный край! В котором столько душевности!..
В котором друг – он друг. Который не требует от тебя ничего взамен.
Фильм о девочке Тане, которая научилась улыбаться,
выходит на телевидении. Десятиминутный фильм –
маленький штрих, сюжет, это тебе не «Титаник».

И тут я действительно понимаю, что попал в затерянный край.
Мне звонят люди, не переставая, до 2-3-х ночи!.. Клянусь, не вру!
Мой Шурик не отходит от телефона, переводит беспрестанно.
Люди растроганно, очень искренне говорят:

– Какое счастье, что вы все приехали!.. Как тебе здесь?! – спрашивают. – Как Танечка?! Не нужна ли помощь?! Если нужна, то вот мой телефон! Улыбается она или нет?! Пусть всегда улыбается, у нее такая улыбка!..
Такое было в России, наверное в поэтические 60-е…
Но в 90-е все смыло волной «свободы», я не знал и не думал, что такое еще возможно!..
Затерянный край!.. Где все возможно!
Но…

Прошло всего лишь три года…
И вот уже я, работник телевидения, еду снимать очередной сюжет. Договорился с героем, что приеду утром. Едем. Я готовлюсь. А оператор мне говорит:
– Прежде всего, мы завтракаем. И не торопясь.
– Нас ждут, Илан, ты же дома поел, – прошу ребят, – ребята, позавтракаем после съемки.
А Илан мне говорит, нет, типа того, что плевал я на твоего героя, деньги нам на завтрак выделены, профсоюз за нами…
И, что самое главное, все с ним соглашаются, вся съемочная группа…

Следующая съемка… Снимаем на центральной улице Тель-Авива…
Прошу оператора Нинъё (даже помню, как его зовут!) поснимать так, как я хочу, а он говорит: «Я сам знаю, как снимать».
Я настаиваю, говорю, что я все-таки режиссер, а он смотрит на меня и подбрасывает камеру стоимостью 60 тысяч долларов в воздух…
И она летит на асфальт… слава богу, во вратарском броске ассистент оператора ее ловит.
Еле уговариваю оператора снимать… Знаю, его никто не уволит – он здесь на постоянной работе, а я – приходящий режиссер, мне надо зарабатывать на жизнь. Опять же за него – профсоюз, за меня – никто.
Еще несколько таких случаев… И я ухожу с телевидения.
Все бросаю.

Ухожу мыть посуду в кафе «Апропо», которое стоит на бойком месте между двумя театрами.

Деньги никакие, в маленькой комнатке раскаленная моечная машина, бывает до 60-70-ти градусов…
Грязная посуда, все торопят…
Но в редкие минуты тишины здесь – рай.
Здесь стоит мой магнитофончик. Я слушаю Высоцкого, классику, битлов. Здесь лежат мои книжки, перечитываю Булгакова,,, обожаю Довлатова…
Честное слово, вспоминаю это время, как райское.

Но так долго продолжаться не может. Это – как передышка в пути.
Не дают покоя вопросы: «Как жить?!.. Для чего?!».

Жизнь вытаскивает меня из уютной моечной и командует: вперед!
Я пройду автокатастрофу, чудом выживу, благодаря моему Учителю, получу израильский «Оскар», наснимаю всяких фильмов…
Много всего наделаю…
Чтобы понять однажды точно, для чего живу.

/ улыбка /

Бывало ли у вас такое, что посмотрел хороший фильм, выходишь из кинотеатра и ловишь себя на мысли, что идешь, как герой этого фильма, мыслишь вдруг так же, как он? И хочешь быть таким во всем? И в то же время думаешь: «Но ведь это был фильм! Играли передо мной!.. И артиста этого я знаю – Роберт Де Ниро. Так чего же я принимаю все за чистую монету?» А ведь принимаю...

Мой комбат, майор Кузнецов, часто говорил: «Из Израиля надо сделать полигон для испытания ядерного оружия».
Через 10 лет после армии я оказался на «полигоне».
Еще через полгода это подтвердилось. На нас начали падать ракеты. Назвали это «войной в Персидском заливе».

Мы сидели, как попугаи-неразлучники, в заклеенной комнате, в противогазах. Я, жена Нина и сын Илюшка. Ему было 5 с половиной лет, и я видел, как за стеклами противогаза его глаза ищут мои глаза. Чтобы я сказал ему: «Успокойся, сынок, это игра». Это не было игрой, но я играл, а что было делать?! Говорил: «Давай при каждом взрыве будем кричать: "Ура!" И кто громче крикнет, тот получит шоколадный батончик».

...Я не был спокоен, совсем. Во-первых, сюда под ракеты их привез я, во-вторых, был упорный слух, что ракеты с химическими боеголовками. Нет, не был я спокоен, но был вынужден играть спокойствие. И как-то, играя, сам в это поверил.

Помню, это было на второй или третий день войны, мы пошли на море. Ну, уже не могли сидеть дома и «играть». Взяли противогазы и пошли. Уже за полкилометра до моря слышим музыку. Подходим.

На пустой автостоянке танцуют люди.
Аж сердце защемило от умиления и тоски. Ходят парами, такие грациозные, красивые, празднично одетые, спокойные. И танцуют. Разные танцы, русские, венгерские, марокканские, израильские, польку, вальс… Ну, в общем, красота… Меня это так растрогало. Оказывается, есть такая штука, называется «танцы у моря». Люди танцуют танцы тех стран, из которых они приехали.

…И мне показали на парнишку лет 30-ти, который все это организовал. Звали его Жак. Выходец из Марокко, жил во Франции, кучерявый с осанкой танцора, и девушка с ним вызывающе красивая. Плыли они передо мной и улыбались…
Конечно же, играли спокойствие, потому что в
любой момент могла прозвучать сирена. Конечно,
играли. Но как!.. И становилось покойно…

И вот, как полагается в хорошем сценарии, прозвучала сирена.
Ряды дрогнули, как говорится, кто-то бросился в сторону,
кто-то к машине, мы тоже побежали к дороге.

Но слышу, музыка продолжается. Она выключилась на мгновение, а потом включилась еще громче. Оглядываюсь, смотрю, Жак и его красавица продолжают танцевать и с ними еще две пары. Мы замедляем ход. Конечно, понимаю, что это неправильно. Указание жесткое: «При сигнале тревоги срочно искать убежище». Но они танцуют. И как бы даже выглядят еще более спокойными. Играют!.. И под нашими взглядами, просто хорошо играют. Сирена воет. Они танцуют. Мы переходим на шаг и успокаиваемся.
И все, смотрю, тоже.
Все завершилось, слава богу, быстро. Танцы возобновились.
Жак был героем вечера.

На этом история не заканчивается.
Сразу после войны там же, у моря, я увидел девочку лет 10-ти. Девочка как с картинки – огромные глаза, косичка заплетена туго, смотрит на море и не улыбается. Я остановился в стороне. Наблюдаю. Не улыбается. Смотрит, вся в себе…

Проходит десять минут, пятнадцать, мне интересно… Не улыбается.
Была в ней какая-то тоска красивая. Тайна. Я ждал.
И тут увидел маму. Она присела рядом с девочкой.

Подхожу, представляюсь, говорю: «Я сценарист, режиссер», –
знаю, это придает веса. Она говорит: «Вера. Из Днепропетровска».
Спрашиваю, что с девочкой? Она мне рассказывает, что воспитывает
ее одна, что сама переболела сильно, думала, что не выживет
вообще, боролась сама, без денег, без помощи, еле дотянула до
Израиля…
Все это происходило на глазах у девочки.
В результате Вера выздоровела, а вот девочка…
Таня просто в одно утро перестала улыбаться.

Это было 20 лет назад и, прошу прощения, я не
помню всех деталей, но смысл правильный.

Ну, знаете, как это у киношников? С одной стороны, конечно,
сопереживаешь, с другой – закручиваешь про себя фильм.
Соединяются вместе все впечатления последнего времени.
И соединяются они в такой маленький сюжет, который грех не
снять. А у меня к тому времени уже есть заказ от израильского
телевидения.
И я тут же говорю маме:
– А хотите, я вас сниму?..
Она говорит:
– Я не против. Надо Таню спросить.
Садимся напротив Тани.
– Ты танцы на море видела? – спрашиваю.
– Видела, – говорит.
– Любишь?
– Я – очень, – говорит Вера.
А Таня пожимает плечами, ей как бы все равно.

Я продолжаю объяснять:
– Таня, я хочу тебя, как актрису снять. Сюжет будет почти
документальный. Живет девочка Таня, которая однажды перестала

улыбаться… Просто они с мамой прожили непростую жизнь. И Тане, то есть тебе, пришлось многое пережить.
Но мы все-таки кино делаем.
Поэтому дальше происходит следующее.
– Однажды, – рассказываю, – ты приходишь на море и видишь, – люди танцуют… счастливые, улыбающиеся…, И ты начинаешь приходить каждый день. Это для тебя становится, как отдушина. И вот тебя видит руководитель этих танцев – Жак… И видит, что ты часто приходишь. И ты грустная все время. И тогда он приглашает тебя на танец… И ты с ним танцуешь. И… вдруг… улыбаешься в конце фильма.

Вот такую «индийскую» историю я рассказал Тане. И говорю ей:
– Давай поиграем в это. Сможешь улыбнуться?..
Таня не отвечает. Я говорю ей:
– Я тебя спрашиваю, не как девочку Таню, а как актрису Таню. Сыграй улыбку. Улыбнись для кино.
И она соглашается.

Начали снимать. Снимали три дня, об этом особый рассказ…
Но Таня так втянулась, как будто это все о ней было… И вся история не придумана наполовину. Она играла взаправду. Ей этого хотелось.

Приближался ответственный момент на съемках, когда я прошу ее войти в круг танцующих. Жака прошу вдруг ее увидеть…
Вот она выходит ему навстречу… Вот он ее видит…
Подходит к ней… Протягивает руку. Я кричу ей: «Улыбайся!..»
И она улыбается… Ах, какая у нее улыбка!!!
Поверьте, вслед за ней улыбались все люди, вся съемочная группа. Я прошу ее еще раз улыбнуться. Делаем второй дубль.
Она снова улыбается. Я прошу: «Еще раз!» Улыбается!
И так раз пять, наверное, мы снимали ее выход и эту улыбку.
Никогда не забуду тот вечер и растроганную маму Веру.
Так Таня начала улыбаться.

Мне Вера позвонила на следующий день и с придыханием сообщила:
– Она улыбается.

Потом, когда сюжет показали по телевидению, телефон у меня дома не смолкал до двух ночи. И мой великий переводчик – 17-летний Шурик, без которого я бы пропал на этом фильме, сиял и переводил с акцентом вопросы израильтян:
– Ну, как она?.. Улыбается?.. Передайте, что если ей что-то надо…

Прошло 20 лет. Не знаю, что стало с Таней.
Может быть, она прочтет этот рассказ и отзовется.

Мы все время играем в этой жизни.
И я думаю, если уж мы играем, то, как бы нам научится играть пьесу о хороших людях.
О тех, кто ищет возможность соединиться, дружить, любить, отдавать. Играть и играть, и так, постепенно вживаться в роль счастливых людей. Что бы тогда стало со зрителями? Думаю, начали бы тоже играть. Кому не хочется быть счастливыми?!
И вдруг, как Таня, они ощутили бы, что так можно жить?
Улыбаясь от счастья.
Более того, – они ощутили бы, что мы все для того и рождены.

/ аврал /

Уже за несколько дней до конца месяца цех живет в предощущении атаки.
Копят силы рабочие. Отсыпаются мастера. Я проверяю документы, чертежи, достаточно ли спирта в сейфе.
Я начальник ПРБ (планово-расчетного бюро) – самого большого цеха Ижорского завода. Мы делаем корпуса ядерных реакторов. Замечу в скобках: Чернобыльский – не наш.

Конец года. 31 декабря.
Мы ждем аврала. Но даже не догадываемся, ЧТО свалится на нас в этом году.
А происходит следующее.
Мы готовим к сдаче корпус реактора Калининской станции.
Еще месяц его надо зачищать и потом сдавать военной приемке, что тоже морока.
И вдруг я получаю звонок.
– Винокур?
– Да.
– Шутков.

Информация к размышлению. Когда директор Ижорского завода Шутков болел, местное радио по три раза на день сообщало: «Состояние здоровья товарища Шуткова улучшается…».
Когда Шутков шел по цеху, начальники старались не попадаться ему на глаза, работяги – не встречаться с ним взглядом.
«Сталин» шел по цеху.
И вот он мне звонит.
– Подписывай накладные, – говорит. Речь идет о корпусе реактора.
Падаю, встаю, белею, лопочу:

– Но, Геннадий Алексеевич, тут еще месяц работы.
– Подписывай, сказал!
И кладет трубку.

Информация к размышлению для тех, кто не знает. Подписать накладную о готовности корпуса – это значит сделать приписку в 3 миллиона рублей… со всеми вытекающими отсюда уголовными последствиями (если попадешься, конечно).
Сразу после его звонка прибегает ко мне начальник цеха с накладной в руках в предынфарктном состоянии (потом он все же имел два инфаркта, и все от Шуткова).
– Решили сдавать корпус в этом месяце, – поясняет, – чтобы завод получил премию.
– А я – срок, – пытаюсь шутить.
Конечно же, я боюсь. У меня все дрожит внутри. Я делал приписки, но не такие!..
И тут на меня садятся все. Еще бы, все хотят получить премию!.. И я подписываю. При этом, ощущение нехорошее. И оно меня не подводит.

Буквально через полчаса снова раздается звонок.
Снова начальник цеха, но уже в полной панике. Сообщает, что через два часа должна приехать съемочная группа программы «Время», чтобы снимать торжественную отправку ржавой болванки (по-другому этот корпус сейчас не назовешь) на Калининскую станцию.
Делать нечего, мы начинаем готовиться к спектаклю.
Накрываем корпус брезентом. Кладем его на железнодорожную платформу. И ждем.

Приезжает съемочная группа, мы подтягиваем наш цеховой оркестр… И под звуки марша корпус торжественно выезжает из цеха… Операторы снимают, мы рукоплещем.
В 20:00 программа «Время» показывает, что «еще один корпус реактора изготовлен и отправлен точно в срок нашим орденоносным Ижорским заводом… гордостью тяжелой индустрии» и так далее.
Слушаем, переглядываемся… и сразу же после этого заводим

«болванку» обратно, снимаем брезент.
И начинается аврал.

Рабочие облепливают корпус и сутками не слезают с него.
Глаза у всех горят.
Новый год мы празднуем здесь же, в цехе.
Спирт и закуска стоят на столе и обновляются круглосуточно.
Кто освобождается на мгновение, подбегает к столу, снимает грязные перчатки, маски и с криками о том, что мы все это сделаем! – что-то в этом роде – выпивает, закусывает и снова бросается в пекло.

Нужно видеть ребят в это время.
Они живут именно сейчас. Вся их тоскливая, пропойная жизнь отступает на время!
И нет у них мыслей о деньгах, о сверхурочных…
А есть этот великий аврал, это высокое состояние, когда делается невозможное.
Этот счастливейший момент жизни, когда мы здесь,
все вместе, и нет ни начальников, ни подчиненных!
Все равны. Вот в этом все счастье!..

Люди не уходят домой сутками. Каждый поддерживает каждого…
Воздух напоен единством, потрясающим ощущением друг друга.
Это и есть жизнь!..
И пускай после этих боев приходило утро, похмелье, и первые дни месяца мы отлеживались, зализывали раны, но это чувство оставалось – мы знаем, что такое счастье.
Внутри нас появилась запись.
Счастье – почувствовать себя едиными.

Если бы при этом цели были не лживыми, мы бы всего достигли!

Именно лживые цели все и перевернули.
Перечеркнули романтику любви.

Сразу скажу, чтобы драматургически закрыть историю нашего аврала, мы все-таки героически отгрузили этот корпус реактора…

И он, принятый военной приемкой, два года провалялся на 2-й Калининской станции, залитый дождями, засиженный птицами и никому не нужный. Через два года его списали…

Что касается меня, то через три дня после подписания накладной, меня пригласили в прокуратуру и обвинили в приписках. Мне грозил срок. И немалый. Спас меня все тот же директор завода Шутков – наш Сталин.

/ слово
об ари /

Тогда я был еще романтиком.
Как-то застрял в Цфате.
Блуждал по улицам – был праздник музыки.
На каждом углу что-то играли.
На скрипочках, на дудочках, на саксофонах, просто на бумажках…
На улицах – преимущественно американский акцент, туристы ходили с открытыми ртами, их все удивляло.
Весело, спокойно, не хотелось уезжать.
Но надо было, уходили последние автобусы.

Подошел к кассе, полез в карман… и нашел там два шекеля и скорлупу от семечек, которая застряла в дырке.
Оказалось, что все деньги вывалились.
За шекель позвонил домой, успокоил Нину.
Еще за шекель выпил два стакана воды.
И все.
Деньги закончились.
Но ни тревоги, ни сожаления не было.

Впереди – ночь в Цфате. И желание, чтобы все это не прекращалось.
Праздник вошел в ночь, и все равно люди не расходились.
Улицы были заполнены беспечным народом.
Послевоенный Цфат 1991 года, дети спали на руках родителей и в колясках, взрослые пели, смеялись, все дышало покоем и безопасностью. Вот так бы жить и жить…

Часам к трем ночи я начал «гаснуть».
Глаза стали сами закрываться, да и клейзмеров
сменила тихая гитара, тонкая дудочка...

Я почувствовал, что смертельно устал.
Добрел до какой-то арки, лег на скамейку и сразу заснул.
Проснулся от того, что по мне кто-то ходит.
Открыл глаза.
На мне сидит черная кошка с синим бантом.
Не испугался, даже не вздрогнул.
Сказалась цфатская атмосфера покоя и праздника жизни.
И кошка тоже не испугалась. Дала себя погладить. Еще потерлась о меня и пошла себе.
Было раннее утро. Я посмотрел наверх. Надо мной цвело дерево.
Оно было в таких же, как кошкин бант, синих цветах.
Так у нас цветет акация – красными, синими, желтыми цветами.
Через синие цветы было видно рассветное небо.

Перевернулся, думал еще посплю, так сладко я не спал никогда.
Вижу, под скамейкой стоит целлофановый пакет.
Осторожно приоткрываю его...
Лежит в нем ломоть белого хлеба, приличный кусок сыра, самого вкусного цфатского, и маленькая картонка с кефиром.
А рядом бумажка. На ней написано: «For you».
– «For me?!»...

Вчерашний день продолжался.
Я сел и все съел.
Поверьте, ни один ресторан с самой изысканной кухней не сравнится с этой божественной едой.
Теперь я уж окончательно огляделся.
Оказалось, что я спал в заросшем дворе старой синагоги (молитвенного дома).
Двери синагоги были покрашены в тот же синий цвет.
Над дверьми я прочитал надпись – «Синагога Ари».
Тогда я ничего не знал об Ари.
Только помню свое ощущение – мне было хорошо, как никогда.

***

Ари, великий каббалист Ари, вернулся ко мне через пять лет. Сейчас, когда я думаю о нем, тепло не покидает меня. Когда я читаю его тексты, мне хочется летать.

/ а я говорю тебе, сынок…/

Мы едем в машине, мы еле двигаемся.
У нас пора дождей.
Льет и льет без конца. Дороги не видно.
Но, знаете, на душе хорошо.
Это ведь не плюс сорок в тени, не дай бог.
По радио джаз, я нашел Ганелина…

И продолжаю разговор с сыном.
– А я бы, сынок, пошел учителем, – говорю ему.
Сынок мой рулит и отвечает:
– Или неудачники, – говорит, – или идеалисты идут сегодня в школу.
Мой Илюша, без пяти минут доктор философии, три года проработал учителем, он знает, что говорит.
– На год тебя хватит, – говорит сынок. – Потом получишь инфаркт, я тебя знаю, на этом все и закончится. Сегодня школа – это самоубийство, папа. Не то, что в твои времена.

И я задумался. А как оно было, в мои времена?
Полетела жизнь назад, замелькали лица учителей и воспитателей…
Много их было.
Кого же я помню?
В садике Раису Ивановну, – с трудом.
В начальной школе Любовь Семеновну, – туман.
Остроумного химика Васю Хлора, ироничного физика Георгия Ивановича, строгую математичку Полину Ефимовну, красавицу Раису Николаевну.
Помню.

Но нет остроты впечатления.
Размыт фокус.

– Что, вот так прямо, ни одного всплеска? – спрашивает сынок.
И я вдруг вспоминаю.
– Нет, был всплеск, – говорю, – был… Нинэль!..
Пришла к нам, сынок, классным руководителем Нинэль Львовна Маркова. Преподавала английский. Но не поэтому она вспомнилась, что у нас пошел английский. А потому, что вдруг появились в нашем классе забота и боль. Понимаешь? Забота и боль!.. Не за то, как будем английский знать, а какие мы будем человеки.
– Человеки! – повторил сынок. Это ему понравилось.

– Вдруг встречаемся у нее дома. Вдруг говорим о дружном классе, а не об экзаменах и отметках. Вдруг с ней почти на равных. Вдруг человек у плиты, а не училка у доски. Готовит нам, что-то потрясающе вкусное. А может быть, и нет. Но сейчас кажется, что просто отвал.
Мы как будто новую жизнь начали.
Не знали, что это возможно.
Не знали, что это такой восторг – просто раскрывать друг друга.
Почувствовали, как это хорошо… вместе быть.
Только-только мы начали привыкать к новой жизни, как мужа ее переводят на работу в Москву.
И она уезжает.
И все заканчивается…

Нет, школа продолжается…
Но все не то. Для меня, во всяком случае.
Снова будни.
Снова предметы и экзамены.
Снова из нас готовят тех, кто получит медали, будет поступать в ВУЗы, работать на заводах, вершить пятилетки…
Но кому это надо?!..

Сынок слушает. Смотрит на дорогу. Машина прорывается сквозь дождь.
А я приближаюсь к выводу.
– Закончил я два института, сынок, – говорю, – массу всяких курсов в придачу. Взяло это у меня годы, десятки лет. И сейчас, оглядываясь назад, я говорю тебе, – всю эту учебу можно было проскочить за один год, за полгода. Поверь мне, кроме размахивания корочками, нет в этом ничего.
Никогда, сынок, не пригодилась мне высшая математика, а уж физика и подавно. Не умер я без химии, прожил без биологии, политэкономии, теории сплавов, истории кино, начерталки…

Но есть то, без чего бы не смог прожить.
Уважение к людям заложил в меня папа.
Умение общаться – мама.
Попытки услышать другого, сопереживать чужой боли – этому я учился, где только мог… Собирал по крупицам и на своем горьком опыте испытал тоже… Кто это нам преподавал?! Да никто! Жизнь преподавала…
И если ты меня спросишь, к чему я клоню, я тебе отвечу.

Будь моя воля, я бы вложил все не в образование, нет…
В воспитание.
Я бы занимался воспитанием Человека. Главным бы это сделал.
Через призму «Человек», поверь мне!.. пришли бы все знания.
Потому что в атмосфере любви все входило бы без сопротивления: и физика, и математика, все!

Я завожусь, говорю и говорю, потому что сынок слушает.
– Я бы ввел в школе, в институтах, да везде, новые великие предметы. Как научиться дружить?! Это посерьезней будет любой математики… Что такое любовь?! Это покруче любой физики.
Что такое эгоизм, и как сделать так, чтобы он не разрывал нас, а соединял?.. Тут не устоят ни биология, ни генетика.
Как услышать другого?! Как его ощутить?! Что такое связь между нами? Что такое Единство, наконец?

Э-эх, как много серьезных предметов, которые мы не проходили ни в школе, ни в институте. И наспех проскочили в жизни…
Как много серьезных предметов, которые защитили бы нас от всего сегодняшнего безумия… Потому что соединили бы нас.

Пауза. Едем. Думаем.

– Предметы… это правильно, – вдруг говорит сынок.–
Это, конечно, важная штука… Но не главная.
– Не понял?
– Не главное это, папа, – он вздыхает. – Главное, –
где учителя, которые смогут подать это?!
Я смотрю на него, чувствую, что он попал в точку.
– Все случится, папа, если мы подготовим таких учителей.
И теперь уже я вздыхаю. Вздыхаю, похоже, громко.
– Только не вздыхай, – говорит сынок. – Только не думай,
что их нет. Они есть. И у них болит душа за детей.
Нужно только создать это всеобщее требование,
чтобы воспитание Человека стало главным.
Все, чтобы это поняли! Что без воспитания – конец!..

Здесь я остановлюсь.
Мы еще долго ехали, долго говорили.
Дождь закончился.
Дворники скребли по сухому стеклу, а мы их не слышали.
Потому что говорили о самом главном.
И были едины в этом…

Кстати, недавно сынок мой защитил диссертацию.
И сегодня готовит таких учителей. Дай ему, Бог, силы!

/ жизнь
и смерть /

Мой друг Моня (он – Эммануил, ну, не буду же я писать, Эммануил!) рассказал мне историю.
Я не перебивал его, дослушал до конца. Потом говорю:
– Моня, эту историю ты услышал от меня, а сейчас выдаешь за свою.
Он говорит:
– Нет, это моя история.
Я говорю:
– Это было в Калининской области.
Он говорит:
– Нет, у нас в Молдавии, под Кишиневом…
Вот как получается. Я Моне верю.
А история такая.

Я писал сценарий в прекрасной глуши, в Калининской области.
Оставалось в этой деревне три дома, три старушки и два старика.
Просыпался утром от «гаганья» гусей, которые
сами вразвалочку трусили к пруду.
Было тихо, спокойно… И век бы так жить!
Потом бежал через сосновый лес к озеру, где на кувшинках сидели
«квакушки»… Нырял в воду и плыл, захлебываясь от счастья и
холода.
Обратно я шел не торопясь, в лесу полно ягод.
Я не собирал их, а запихивал в рот и не жевал… Они таяли во рту.
Так было хорошо!..
Приходил, полный сил и надежд, что будет писаться.
На столе уже стоял большой глиняный кувшин с парным
молоком, огромный кусок белого хлеба и плошка меда.

Ничего вкуснее я в свой жизни не ел, ни тогда, ни сейчас (кроме армейских сухарей).
Я съедал и начинал писать... Писалось!

И вот однажды я поднял голову от стола, потому что...
Да не знаю, почему, поднял и все.
По пыльной дороге шла женщина. Я загляделся на нее.
Какая-то она была красивая. Прямая, с затянутыми на затылке седыми волосами. Я бы дал ей лет 60.
И вела за руку двух чистеньких малышей.
Девочку с красным бантом в желтый горошек,
и мальчика в белой рубашечке...

– Это Дарья, – моя молчаливая хозяйка стояла в дверях. Она проработала на ферме дояркой 40 лет и руки ее были в венах, как веревках, вырастила пятерых детей, похоронила мужа и никуда отсюда уезжать не собиралась.
– Вот о ней напиши, – сказала она и села на табурет у входа.
– А что у нее за история такая? – спросил я.
– Мы почти похоронили ее три года назад. Она вся высохла и уже не вставала. Врачи выписали ее из больницы, сказали, пусть дома умирает. Да это и правильно. Я тоже никуда не пойду, здесь умру...

Тем временем Дарья с внуками прошла мимо, в сторону леса.
– Это они в город едут, – сказала моя хозяйка. – В цирк пойдут. Потому они все такие красивые.
– Так как же она жива осталась? – мне не терпелось узнать.
– Ехали к ней прощаться ее сын непутевый и невестка такая же непутевая. Он пил. Она пила. Было у них двое детей. Ну вот, были они в дороге... И наехал на них самосвал или я не знаю, что, но ничего от них не осталось. Это прямо здесь было, недалеко от деревни...
Замолчала, задумалась.

– Во-от, – сказала. – А Дарья лежит... И как чувствует. Спрашивает моего Никифора, он помер два года назад. – А где мой сын? – спрашивает. Почему он не приезжает, я ведь скоро помру.

Тут Никифор, наверное, как-то не так ответил, он у меня и врать-то толком не мог. Она тогда еще громче его спрашивает: «Я спрашиваю тебя, где мой Алексей?!» Ну тут Никифор и сказал ей!.. Я и не успела его одернуть…

Снова хозяйка замолчала. Смотрит за окно вслед Дарье и молчит. А меня прямо раздирает, и я, не удержавшись, говорю:
– Ну-у-у…?!
– Она тогда встала, – говорит моя хозяйка. – Встала и пошла к рукомойнику, помыла лицо…
– Как встала? – спрашиваю. – Так она могла ходить?
– Нет. Она лежала все время.
– А как же она тогда встала?
– Вот так встала и все… Встала! – говорит хозяйка, даже раздраженно. – Чего тут непонятного, встала! Пошла, помыла лицо и стала одеваться в дорогу.

Я сидел молча, боялся спугнуть.
– Похоронила она сына и жену его, потом поехала в город забрала детишек. И вот три года она их выхаживает, Дарья…

Я молчал. Но не было у меня сомнений, что все это чистая правда.
– Напиши о ней, – сказала мне хозяйка, встала и пошла к двери. – А то неизвестно, о чем пишешь.
Тут она была права.
И вышла.

Мне потом подтвердили, что действительно у Дарьи был рак, что действительно врачи от нее отказались, и это не фантазия моей хозяйки и не придумка…

Еще раз я увидел Дарью через неделю, когда приехала передвижка в деревню.
Это была фантастическая картина – настоящая передвижка!
Показывали «Мимино» на белой простыне.
Трещал аппарат, вспоминаю сейчас, все было, как во сне.

И смотрели кино три старушки, два старика и Дарья с внучкой с красным бантом и внуком в белой рубашечке.
Кино – это тоже праздник в деревне, поэтому они так и оделись.
И Дарья снова казалась мне красивой и молодой женщиной.
А было ей на самом деле за 70.

Через много лет, уже живя в Израиле, я узнал, что прожила она еще 14 лет. Подняла внука и внучку. Они поступили в Калининский университет. И потом она умерла. Счастливая.
Похоронили ее там же, на деревенском кладбище, так она просила. Хотя в деревне уже никто не жил из прежних.

Почему я назвал этот рассказ «Жизнь и смерть»?
Вот так, как эта женщина встать бы и просто, без мыслей о себе, раствориться в ближнем.

Начать жить наконец-то.
Ну, сколько можно умирать, думая только о себе?!

/ об учителе /

Когда я говорю о своем Учителе, всегда вспоминаю этот случай. Потому что он точно характеризует его, необычайно дорогого мне человека, Михаэля Лайтмана.
Я ведь с ним уже 20 лет.
И это 20 счастливых лет.

Несколько строчек перед тем, как расскажу
эту удивительную историю.
Все эти годы я вижу, в каком бы состоянии он ни находился, даже если очень болен, даже при давлении под 220, при температуре под 40, он не отменяет ни уроков, ни лекций, ни интервью, готов лететь за тридевять земель, потому что знает, – есть лекарство для человечества. Для человечества больного – и этого уже не скрыть. Всю ненависть, депрессии, войны, наркотики… Того, что будущее не сулит ничего хорошего… Как ты это скроешь?!..
Но можно все изменить. И Лайтман знает, как.

Но каким бы великим ни было его желание быть услышанным, есть принципы, через которые он не переступит никогда.
Это было необходимое предисловие. Сейчас поймете, почему.

В 2002 году мы прилетели в Лос-Анжелес.
Впереди было турне по восьми городам Америки.
Залы были забиты, мест свободных не оставалось.
Лайтмана ждали, и мы очень радовались этому.
В Лос-Анжелесе прямо в аэропорту нас неожиданно встретил представитель американской каббалы Берга. Неожиданно, потому что мы и они противоположны совершенно. Мы занимаемся классической каббалой, полностью основанной на первоисточниках.

Он сразу сказал Лайтману:
- Я Ваш поклонник. У меня дома есть все Ваши книги, я зачитываюсь ими. Предлагаю Вам от имени рава Берга и от себя лично читать лекции по каббале. У нас миллионы учеников.
Лайтман сказал вдруг (я не ожидал такого ответа):
- Хорошо. Я согласен.
Тот оживился:
- Я уверен, у Вас будут сотни тысяч учеников. Какой курс будете читать?
- Введение в науку каббала, - говорит Учитель. - Что же еще?
Тот засмущался:
- Ну, это ведь не простой материал, - говорит.
- Постараюсь объяснить его проще, - отвечает Лайтман.
- Но они ведь разбегутся, ученики.
- А что Вы предлагаете мне читать?
- Каббала и бизнес, например. Каббала и здоровье очень хорошо принимается. Каббала и кино…
Лайтман говорит:
- Но это же не каббала.
Тот отвечает:
- Здесь другое не пойдет.
Лайтман разводит руками:
- Я не смогу это читать.
- Почему?
- Потому что это не правда. А я обязан говорить им правду.

С этого момента человек замолчал. Разговор у меня записан на видео. Этому разговору много свидетелей. Если бы согласился мой Учитель, его действительно могли бы услышать сотни тысяч учеников. Мы все знали, как для него это важно! Но он отказался. Здесь на карту была поставлена честь науки, честь его, Учителя, честь всех Учителей.

На следующий день вечером в одном из залов должна была состояться лекция Лайтмана.
Мы приехали заранее, чтобы приготовится, установить камеры… Зал закрыт.

Перед запертыми дверями стоят 400 человек.
Мы звоним директору, администратору, уборщикам – черте кому.
Ни один телефон не отвечает.
Уже 20 минут опоздания, 30 минут… Никого
и ничего. Словно все вымерли.
Сразу оговорюсь, никого не обвиняю в этом. Может,
это стечение обстоятельств, кто знает?!
Короче, стоим мы и понимаем потихоньку, что ждать бесполезно.

И тогда Лайтман говорит:
– Надо извиниться. И отпустить людей.
И идет извиняться:
– Извините, пожалуйста, – говорит, – что так вышло…
Народ слушает, все молчат.
– Я очень хотел с вами встретиться. Но у нас нет зала… И поэтому, к сожалению…

И вдруг из темноты, как в кино, появляется религиозный еврей в широкополой шляпе, в костюмчике черном, – все, как положено. Направляется прямо к Лайтману.
И сразу же говорит… Мы с оператором Юрой и моим другом Фимой стоим рядом.
Говорит:
– Здравствуйте, рав Лайтман.
Тот отвечает:
– Здравствуйте.
– Вы меня не помните?
– Нет, – говорит.
– Мы с Вами летели в одном самолете три года назад.
Лайтман говорит:
– Да-да, может быть…
Тот продолжает:
– Моя дочь была тяжело больна. Долгие годы мы не могли ее вылечить, к кому только ни обращались.
И вот три года назад я встретил Вас в самолете, рассказал о нашей беде, Вы дали ей лекарство.
– Да-да, что-то припоминаю, – говорит мой Учитель.

– Так вот, благодаря Вам, она выздоровела. Мы с женой писали Вам, но, наверное, адрес был неверный. Мы обязаны Вам нашим счастьем.

Мы слушали эту удивительную историю.
Но продолжение было еще удивительнее.
Лайтман говорит:
– Я очень рад, передайте ей огромный привет от меня.
Тот говорит:
– Я увидел объявление о вашей лекции, вот и пришел вас поблагодарить. А почему вы все здесь стоите?
Тут мы ему стали объяснять, что лекция Лайтмана действительно должна быть здесь, но происходит что-то очень странное.
Зал закрыт, никто не отвечает, хотя мы и договорились обо всем заранее.
И этот человек вдруг говорит в ответ:
– Рав Лайтман, я очень прошу Вас принять мое предложение. Я приглашаю Вас и всех пришедших ко мне в синагогу. Здесь, очень близко. Она на 400 мест, поэтому все поместятся. Я очень надеюсь, что вы не откажете мне.

Через 10 минут мы были в синагоге.
Никто не отстал, зал был забит до отказа.
Настроили свои камеры.
Лайтман вышел вперед.
Я оборачиваюсь, вижу того раввина, который нас пригласил, вижу двух религиозных операторов, которые тоже снимают.
Лайтман оглядывает всех… И первые слова, которые он произнес в синагоге, были:
– Каббала не религия, нет. Каббала – наука.
Вижу, чуть дрогнули камеры…

Не ожидали, что он так начнет.
Да и мы думали, что можно было начать округло, все-таки нам помогли религиозные люди, можно было вообще обойти эту тему…
Но он начал сразу, честно. Сразу поставил все точки над «и».
Не религия, а наука. Не только для евреев, а для всех.

Нельзя ее скрывать от мира. Она миру необходима, как воздух.
И все приняли этот его прямой подход.
И раввин этой синагоги слушал и даже задавал вопросы.
И никто не ушел.

Вечер этот был первым в нашем американском турне и одним из лучших.
Лайтман остался тем же Учителем, которого я знаю вот уже 20 лет. Который не кривит душой, прям и очень близок, если действительно тебя волнует вопрос: «Для чего родился?».

/ надежда /

Меня убивали на станции Казачья Лопань.
Есть такая зеленая станция на границе России с Украиной.
Ехали мы электричкой с первой моей любовью.
Была весна, бушевали гормоны, и мы переглядывались, боясь спугнуть «вечную» любовь.
Когда в электричку вошли шестеро парней,
я сразу понял – конец любви.

Они присели напротив, и рядом, и сбоку и начали смотреть прямо в глаза.
Потом один из них коснулся ноги моей девушки, она откинула его руку, но он еще и обнял ее.
В моей голове метались три мысли.
Первая – досада. Досада, что мы не доехали спокойно до Харькова и сейчас мне придется что-то делать.
Вторая – страх. О том, что, если я сейчас дернусь, меня в живых не оставят.
Третья, – что она, моя девушка, смотрит на меня сейчас, и я просто обязан… Я обязан сейчас, вот сейчас, что-то сделать… сказать… ударить… взмолиться.
И я говорю: «Не надо ребята».
Они ведут меня в тамбур и начинают бить.
Я быстро падаю. Они бьют ногами.
Девушка моя кричит за дверью. Зовет на помощь.
Вагон молча смотрит в окна.
Кто-то встает, но идет в другую сторону.
Я уже весь в крови. У меня перебит нос.
Валяюсь на полу и вижу, как пролетают за окном деревья, и слышу, как кто-то из бьющих говорит: «Открывай дверь… выбрасываем».

Думаю: «На такой скорости, мне конец».
Мысли мои в этот момент были очень логичными.
Так бы и случилось. Если бы не мужик.

Влетает в вагон взъерошенный мужик в телогрейке.
Несется по пролету, размахивая топором.
Потом мне рассказывали, что он, оказывается, ехал с семейством на свой садовый участок.
Ну и выпил, мне на счастье.
С ним был топор и лопата.
Топор пригодился.
Мужик разнес им стекло, прорвался в тамбур, а ребятки сбежали сами.
Вот такая история.
С первой любовью мы расстались через неделю.
А нос у меня по-прежнему набок, поэтому я всегда
прошу оператора снимать меня слева.

К чему это я рассказал? Ну, неужели ради той истории?
Нет, конечно.
У меня вырос сын. Ему уже 26 лет.
Зовут его Илюша. Он вот-вот будет кандидатом наук.
На самом деле он и его друзья занимаются воспитанием детей. Именно воспитанием Человека в ребенке.

Представьте себе картину.
Я, 54-летний, что-то все-таки повидавший, сижу, раскрыв рот, и боюсь шевельнуться, когда девятилетний мальчик говорит о том, что мешает ему услышать другого, почувствовать его, научиться по-настоящему дружить.
Я слышу, как эти дети говорят о том, что мешает соединиться нам и всему миру, представляете?!
Они знают, что такое самолюбие, эго.
Они ищут, как подняться над ним. Как научиться любить.

Я боюсь дышать.
Я боюсь спугнуть это чудо – рождение Человека.

Смотрю на этих детей и понимаю, – они не будут наркоманами, не оставят в беде, не унизят, не поднимут руку на другого.
Не станут избивать человека в электричке.
Они учатся любить, наши дети.
Они достигнут всего.

/ боль /

Помню, летом 1976 года папа вернулся с завода рано и был какой-то не такой.
Там посидит-помолчит, здесь засмотрится на что-то.
Потом отвел меня в сторону, оглянулся
(времена такие были) и говорит:
– Израильтяне, сынок, освободили заложников
в Уганде… И один парнишка погиб…
Смотрю, плачет мой папа.
– Самый лучший… командир, – говорит. – Все его ребята живы остались, а он погиб.
Вот так в моего папу, коммуниста, заместителя директора огромного завода, вошел неизвестный парнишка
откуда-то из далекого Израиля и пробил его сердце.

Прошло 30 лет с того времени, я уже был в Израиле, снимал кино, преподавал, меня знали.
Звонок… Приходите, говорят, мы хотим заказать вам фильм.
Прихожу. Сидят два лихих продюсера, оказались очень хорошими ребятами, – Волтер и Моше. И говорят:
– Сними фильм про Йони Нетаниягу.
Я даже вздрогнул. Это было имя того командира, который погиб в Уганде.
И сразу же встал перед моим взором мой любимый папа, покойный к тому времени, и я почувствовал, что бумеранг, который он запустил 30 лет назад, вернулся. И так же поразил мое сердце.
И надо было бы сказать: «Да!»
Но я сказал: «Нет».
Они удивились. А я объяснил.
– Йони – символ Израиля. Зачем вам русский режиссер?!

Они говорят:
– Видели твои фильмы, хотим тебя. Подумай, – говорят.

Я подумал, было лестно услышать, что им нравятся мои работы.
Подумал… и сказал: «Нет».
Дальше события развивались стремительно. Дело было
в Иерусалиме. Я решил выпить. Взбередили они душу.
Папа вспомнился. Покупаю бутылку, заезжаю к товарищу.
Сразу у входа в дом книжные полки, как положено.
На них наш джентльменский набор, сразу понятно,
куда попал, – Достоевский, Толстой, Пастернак.
И в углу почему-то сразу бросилась мне в глаза маленькая
зачуханная книжка. Я ее взял. Что вы думаете?.. «Йонатан (Йони)
Нетаниягу. Письма». Я чуть не упал. Слишком много было
совпадений в этот день.
Через два часа, когда я сел в автобус, чтобы ехать домой, книга была
со мной.
Начал я ее читать. И не заметил, как прошло время, как опустел
автобус и водитель навис надо мной… Я смотрел на него, а думал о
Йони. Другом Йони… из писем.
Вышел я. Тут же позвонил продюсерам и сказал, что берусь.

Пока делал фильм, удивительным образом сроднился с Йони.
Вдруг ловил себя на мысли, что он – это я, потом, что это мой брат…
Странные вещи происходили.
Изучил всю жизнь этого необыкновенного парнишки, который
уехал из сытой Америки, чтобы воевать в Израиле. И все прошел.
Марш-броски на 50-100 километров – романтично пишет о них
родителям, а в письмах к братьям добавляет: «Ты бежишь, а в
ботинках хлюпает кровь от кровавых мозолей, но не остановиться».
Прошел ранения, смерть товарищей, когда они умирали у него на
руках. Всегда лез на рожон, под пули, – потом я понял, почему…
Он все время хотел учиться.
Едет в Гарвард. Но тут же у нас война, он обратно…
После войны снова отправляется в Гарвард.
А у нас новая война… Он снова возвращается…

В 76-м году – командир спецназа. Это и вершина его военной карьеры... И конец жизни. А жизни-то той было 27 лет.
Операция в Уганде, лихая, наглая, практически им разработанная. Ее изучают во всех военных академиях мира и ахают, как профессионально это было сделано.
Самолеты приземлились в Уганде, из них выехали две машины, с «перекрашенными» в «угандцийцев» израильтянами. За пятнадцать секунд от первого выстрела до последнего они освободили всех заложников. Описал в пяти строчках, как это было, но сколько за всем пота и крови!
Йони знал, что не вернется с операции, как бы лихо она ни была закручена.
Он получает очередь из «калашникова» в грудь и плечо.
Умирает в самолете.
Так становится героем Израиля.

...Но только для такого Йони я бы фильм не делал.
Что же я вычитал о нем в письмах?
Герой Израиля, символ доблести, смелости, командир спецназа, подполковник в 27 лет и так далее, и так далее...
Я вычитал, что он, Йони, – глубокий и очень одинокий.
Очень ранимый.
Он очень хотел понять, в чем смысл жизни и всех страданий и жертв. Очень хотел любить и чтобы его любили.
Незащищенная душа предстала передо мной...

Я делал фильм не о воине, а о человеке ищущем. Подкупил он меня своей болью.
Письма его грустные, без бравады, очень правдивые, а последнее письмо, перед смертью, так совсем...
Пишет он Брурии – своей любимой девушке. Пишет в самолете, когда они уже летят в Уганду. Цитирую отрывочно:
«Я нахожусь в критической стадии своей жизни, в глубоком внутреннем кризисе... вспоминаю безумный и жалкий вопль из пьесы: "Остановите мир, я хочу сойти!".
Но невозможно остановить сумасшедший шар... И поэтому хочешь не хочешь, живой или мертвый... ты здесь.

Хорошо, что у меня есть ты, моя Брур, и хорошо,
что есть место приклонить усталую голову…
Все будет в порядке».
Он пишет «все будет в порядке», но летит на операцию, зная,
что погибнет.
Он говорит своему другу: «Не вернусь».

Премьера фильма была в Иерусалиме.
На премьеру пришли все друзья Йони из спецназа, родственники,
члены правительства, партии...
Я, честно, волновался, что они найдут массу неточностей, особенно
спецназовцы, начнут придираться, что не так они целились, не так
стреляли… И вообще не так показана операция.
И поэтому вышел из зала в начале просмотра и пришел к концу,
когда уже шли титры.
Захожу. Темнота. Титры. Зажигают свет. Тишина.
Ну, то есть гробовая тишина. Первая мысль – тихо отвалить.
Минута – тишина, две, три.

Вдруг смотрю стоит парень рядом, под два метра, явно оттуда, из
спецназа… И глаза его мокрые…
Обращаю внимание, что все тихо подстанывают… И тут кто-то
начинает хлопать… Ну, и все обрушиваются.
Не стесняются чувств, жесткие, никогда не плачущие… плачут.

Потом ко мне подвели отца Йони, Бен-Циона, уже тогда ему было
под 90. Он сказал фразу, которая лишний раз подтверждает, что
чувства побеждают любую ментальность.
Он сказал:
– Должен был прийти русский режиссер, чтобы
сделать самый израильский фильм о Йони…

И мне лестно, конечно, было, на нас все смотрят, прислушиваются,
что он скажет. Бен-Цион в Израиле – легенда, и тут вдруг
такое говорит. Сегодня, кстати, пересматривая фильм,
многое бы изменил. Мы с ним полчаса разговаривали…

Потом подходили и подходили люди…
Я помню, очень хотел есть. Не ел с утра.
И видел цель – там, впереди, стоит стол с едой…
И там были и кофе, и пиво, и всякие вкусные бутерброды…
Но к столу я так и не подошел. Все время меня кто-то перехватывал и говорил о своих чувствах… о другом Йони… Всех он задел.

Что же произошло, по моему ощущению? Все просто почувствовали, что место Йони пустует. Уже нет таких романтиков.
Таких подполковников, генералов, политиков. Такой боли нет.
Нет вопроса: «Для чего живу?», который пылал в нем.
На смену пришло холодное, расчетливое время. Новое.
Безжалостное. Эгоистичное.
Сменились эпохи.
Он, Йони, искал на самом деле связь, которая называется Любовью.
Он искал ее в любви к стране, к женщине, родителям, друзьям, братьям… К людям вообще… Он знал, что это – основа народа.
А жизнь заставляла воевать, ненавидеть.
И он, измученный противоречием, стонал: «До каких пор будут эти жертвы, им нет конца?!»
Он мечтал о мире. Почти в каждом его письме!..

Год назад умер монтажер этого фильма, Яша Свирский.
Мы с ним очень дружно работали над фильмом. Было ему всего 56 лет. Будем считать, что этот рассказ я посвящаю ему. И моему папе.

/ учитель.
встреча /

В детстве меня все любили. Бабушка кудахтала надо мной, как наседка, оберегая от всех. Отец – тот вообще души не чаял, все ему говорили, Матвей Львович, сынок Ваш, – вылитый Вы.
Мама – ну, мама, как все мамы.
Но вдруг, среди всей этой любви и заботы, наваливались какие-то страхи, которые я объяснить не мог.
И тогда меня вели к врачам. Те склонялись надо мной с палочками и зеркалами и говорили, что нечего тут волноваться, обычные детские страхи. Пройдет.
Потом была юность. Школа. Первая любовь. Охи и вздохи…

И вдруг находил себя, лежащим вечером в своей комнате в тоске и печали. Смотрю в потолок, бегут по нему огни от машин, проезжающих по улице. Я слушаю Высоцкого или Окуджаву, больше Окуджаву: «Мне надо на кого-нибудь молиться, подумайте, простому муравью…». Тоска и печаль… Но отчего?
Дальше институт. Завод. Армия. Снова завод.
Наконец, кино, которым с детства бредил. Мечты сбываются, я становлюсь сценаристом.

Сейчас вижу, – я забивал пустоту. Она только возникала во мне, и я тут же заглушал ее каким-нибудь действием. То судорожно писал сценарий, то снимал, то философствовал о какой-нибудь ерунде и краем глаза ловил взгляд женщины. Я был ей интересен. Собственно для нее и трындел.
Но несмотря ни на что, тоска все же пробивалась.
Тогда я задумывался.

Даже однажды в общежитии Высших режиссерских курсов, на пике, казалось бы, сбывающейся мечты, открыл окно 12-го этажа и подумал: «А, что если?.. Раз, и никаких вопросов…»

Потом был отъезд в Израиль и тоска первых двух лет. Зачем? Что привело меня сюда? От чего бежал и к чему пришел? И что, вообще, вся эта жизнь?.. Для чего, короче, родился? А тут еще звонят из России друзья и кричат в трубку: «Ты не представляешь, как прошла твоя премьера! Тебя все искали!.. Все хотели поздравить!.. Ну, когда ты возвращаешься?!»

Но и это все я заглушил. Начал снимать и в Израиле, писать сценарии, только бы меньше думать, для чего все это? И, знаете, дело пошло, обо мне стали говорить…
Даже брал призы какие-то.

И вот он – 1995 год. Просыпаюсь от звонка. Два часа ночи. Хватаю трубку. Из темноты выплывает голос моего близкого друга Фимы, родного человека, с которым столько пройдено.
– Миши нет, – слышу.
– Что?! – не понимаю.
– Миши нет, – повторяет он монотонно.
– Что значит, нет?!
– Наш Миша погиб.
И уходит земля!
Мишу я знал открытым, улыбающимся мальчиком, восторженным, не умеющим скрыть своих чувств. Помню, он кричал моей маме: «Роза Семеновна, вы так делаете рыбу, а можно я все съем!» Я помню, как мы с ним ходили в обнимку, пели песни, он заглядывался на девушек и говорил: «Какая красивая!» Он был открытый, наивный, родной, он был мне, как сын… И вдруг!.. Звонок в ночи и бесцветный голос Фимы: «Наш Миша погиб».

Я сразу лечу в Америку. На похороны не успеваю.
Но семь дней мы с Фимой бродим по серому Бруклину. Фима, вдруг поседевший в этой беде, поникший, шел, разрезая ветер, ничего не видя от горя. Вдруг появлялись слезы от

боли и непонимания, и он останавливался, разводил руками
и, превозмогая отчаяние, спрашивал: «Ну, почему?!»
Как назло, по дороге, нам встречались какие-то
типы, которые рассказывали истории о кричащем в
темноте мальчике, которого тащил поезд, о том, как
его, окровавленного, выносили из-под вагона.
Не знаю, как выдержал Фима!!.. И Ира – его жена.
Не знаю!.. Я с ними был неделю. Сделал, что мог.
Как мог, поддержал. И уехал, оставив их наедине с бедой.

Вернулся в Израиль. Надо было снова впрягаться в жизнь, писать,
снимать, бежать, зарабатывать… Впрягся. Никуда не денешься.

А через месяц снова звонок. Теперь от мамы.
– Сынок, – сказала мама. – Ты только не волнуйся, папа умер.
Это было уже слишком. Я, конечно, знал, что это произойдет.
После двух инфарктов, инсульта и всего цветника болезней, не
живут до 120. Но все-таки всегда человек надеется на чудо…
Оно не произошло. Папа дожил до 67. Он был оптимистом, его все
любили, а я больше всех. Его провожал целый город.
Я вернулся после похорон. Поехал в Иерусалим
к Стене Плача. Сказали, надо молиться.
Ходил вдоль Стены туда-сюда, сидел, думал, смотрел…
Тогда-то снова и вернулись эти вопросы.
Просочились. Нашли время.
Те же вопросы. Что я?.. Почему все так?..
Для чего живет человек, черт побери?!..

Ну, и что дальше?
Через месяц я уже снова снимал.
Снова окунулся в этот «экшен», придумывал себе занятия, чтобы
бежать от вопросов. Загнал их в себя снова на полгода.
Через полгода делаем мы с Герцем Франком фильм «Человек
стены», идет дело непросто, торчу в монтажной днями и ночами.
Звонит жена.
– Знаешь, – говорит, – я сейчас прочитала в газете, Лайтман
набирает курс каббалы. Может, сходишь, послушаешь.

Никогда я ни во что такое не верил.
Но тут, думаю, дай, схожу!.. И чтобы не зря сходить и соединить полезное с приятным, я звоню на телевидение и говорю им: «Хотите сюжет о каббале?» – «Хотим», – отвечают.
– Тогда, – говорю, – я схожу, посмотрю, стоит ли это дело сюжета, ну, а потом и сниму.
Про себя думаю, неплохо бы заработать, накручу мистики, дыма... Народ это любит.

И вот, иду я к Лайтману.
Квартира старенькая. Сидит за столом седой человек, лет 50-ти.
Смотрит на нас. Собралось 20 человек.
Оглядываюсь. Пока все довольно примитивно.
Ни горящих тебе свечей, ни каббалистических знаков, ни красных ниток, ни святой воды, ничего. В общем, снимать нечего.
Ну, думаю, посижу для приличия минут двадцать и пойду.
Подходит время.
Лайтман начинает говорить.

Спросите меня, помню ли я о чем он рассказывал, не помню.
Помню только, что произошло со мной. Я замер.
Вот, как сидел, так и застыл.
Время, страна, кто я, что я, для чего пришел сюда, – все исчезло.
И как-то очень естественно пришла мысль: это мой дом.
Я искал его всю жизнь. И я отсюда никуда не уйду.
Я сидел и вздрагивал от каждого слова.
Каждое слово – оно было обо мне.
Я получал ответы на вопросы, которые затушевывал в себе все эти годы.
Все мои страхи, мое одиночество, тоска, беспокойство, счастье, несчастье, жизнь, смерть, – все вдруг прояснялось.
И я понял, что вся моя жизнь была именно так устроена, чтобы привести меня сюда, сейчас, в эту неказистую квартиру, к этому Белому, как я его про себя назвал.
Дышать боялся. Спугнуть боялся это счастье.
Так и просидел, не вздохнув, полтора часа.

Пока не услышал: «На сегодня – все. Кто захочет, приходите на второе занятие».

Вот так я присел в квартире Лайтмана 20 лет назад, по совету моей любимой жены, с тайной мыслью сварганить сюжет для телевидения и подзаработать.
И до сих пор сижу.
Я встретил моего Учителя.
О нем еще буду много рассказывать. Есть, что рассказать.
С этого момента начинается другая жизнь.

/ любовь /

Шел 1998 год. Я уже восемь лет жил в Израиле. Делал фильмы. Все время судорожно искал, где подзаработать. Не брезговал и выборами.
И тут в руки мне попадает дневник. Читаю. И не могу остановиться. Вокруг бушуют страсти, сталкиваются лидеры, самое время зарабатывать деньги, а я лежу на диване, отключив телефон и плачу.
Пишет 12-летняя девочка Маут 24-летнему Герману.
«Увидеть тебя! – пишет, – быть все время рядом!.. Не могу и дня прожить, чтобы не думать о тебе… только ты держишь меня на этом свете… живу тобой… и тем единственным поцелуем…».
Я чувствовал себя неловко, заглядывая в чужую жизнь, но не мог остановиться.
Дело в том, что дневник этот был датирован 1941-1943 годами.
И вела его Маут в концлагере.

Подруг ее увозили в Освенцим, и они уже не возвращались никогда, другие кончали с собой, отчаявшись, а она, Маут, писала и писала своему любимому Герману. И только благодаря этому выжила. Ухватилась за искорку любви и держалась за нее изо всех сил.
Пока в 1943 году Германа не отправили в
лагерь уничтожения Треблинку.
Она думала, что не выживет.
Выжила.

Дневник этот мне подкинула Лена Макарова – писатель и друг. Я завелся. Тут же появился продюсер, лучший продюсер в моей жизни, – Сюзанна. Неимоверно быстро Лена сварганила заявку, быстро получили первые деньги из фонда, небольшие, но все-таки. И пошли к Маут домой. Я нервничал.

Боялся, а вдруг откажется сниматься.

Приходим. Встречает нас женщина с милым детским лицом.
Начинаю говорить с ней.
Улыбается, но абсолютно закрыта.
Приветлива, но это все очень внешнее.
Рассказывает, но не так, как я хотел бы.
В общем, все плохо.
Решаю брать ее измором. За три дня «выливаю» всю пленку, сидя напротив нее.
Это называется – съемка на привыкание.
Пленка дорогая, – это все наши деньги.
В конце третьего дня, к вечеру, она раскрывается.
Вдруг приходит доверие.
Вдруг она понимает, что я не ищу дешевку.
И мы становимся друзьями.

И она становится прежней Маут.
Смеется, да так звонко, как та Маут, 12-летняя.
Плачет. Тоскует. Поет. Говорит с ним, с Германом, как будто он сидит здесь, рядом с ней.
И уже не обращает никакого внимание на камеру.
Так начинается наш с ней кинороман…
Тем временем деньги заканчиваются. Но великая
Сюзанна выбивает нам поездку по лагерям уничтожения,
через которые прошли Маут и Герман.
Едем в Чехию и Польшу. Группа малипусенькая.
Я, Фима – звукач, Лена Макарова, Иржи – чешский оператор и, конечно, Маут.
Едем… снимаем…

Маут проживает снова этот роман…
И снова я понимаю, не будь этой любви, не было бы Маут.
Так подходит наш последний съемочный день (так мы думали).
Снимаем на кладбище. Маленький чешский городок Простьев.
На камне выбиты фамилии погибших и не вернувшихся.

Маут объясняет нам, – эта погибла там-то, этот – там-то, тот был адвокатом и вся семья его не вернулась.
– А это – Герман, – говорит.
Спрашиваю:
– Твой, Герман?..
– Да, мой Герман, – отвечает.
И тут что-то меня подталкивает, и я спрашиваю дальше:
– Но были же случаи, когда считали людей погибшими, а они выжили?
Она говорит:
– Были, – и добавляет, – вот, например, Вальтер Бреслер, здесь написано, что он погиб, а он вернулся... живой.
Тогда я спрашиваю:
– А что написал тебе Герман в последнем письме?
Она смотрит на меня... и вдруг отвечает:
– Он написал из поезда уже, когда его увозили в Треблинку...
– Что? – спрашиваю.
– Он написал, – она вдруг говорит медленно и даже удивленно, – что будет ждать меня после войны, в Берлине, по адресу Арвайлештрассе, 3.
И тогда я снова спрашиваю ее:
– А ты была там после войны?
– Нет, – говорит и запинается... И смотрит на меня. – Не была.

В общем, что вам говорить, мы думали, что это наш последний съемочный день. Деньги практически закончились...
Но мы не могли так уехать.
И на последние деньги едем в Берлин...
Приезжаем. Находим эту улицу.
И я прошу Маут идти по улице к дому.
Еще и не знаю, есть ли этот дом вообще. Специально не проверяю.
Оператора прошу снимать все время...
И не промахнуться, потому что будет один дубль...

Она идет.
Она идет, еле дышит... К ней вдруг возвращается надежда...

К ней, уже замужней, 70-летней, с тремя детьми, восемью внуками, вдруг возвращается надежда. А вдруг он там?!
И ждет ее все это время…
Она идет, как на ватных ногах. Каждый шаг – еще надежда.
И мы страшно переживаем за нее. Идем за ней.
И дрожащий оператор снимает, как в последний раз.
И вот она приближается к этому дому… к этому подъезду…
И вот он список квартир… и вот уже ее палец зависает над кнопкой… Сейчас она позвонит…
И может быть он откроет ей дверь, ее Герман.

Это почти конец фильма. Очень долгие кадры замедленной съемки.
Ожидания чуда…
Которое, конечно, не происходит.
Германа убили в Треблинке.
Но мы очень надеялись. До последнего
мгновения. А вдруг он выжил?!

Этот фильм взял несколько хороших
фестивалей, включая нью-йоркский.

Но запомнился мне маленький, еле заметный фестиваль в Греции, в Каламате.
Время было антиизраильское. Все газеты против нас. Мне в открытую говорят, как нас не любят. Спрашивают, для чего приехал?! Забегая вперед скажу, – первый приз получил Иранский фильм, второй – фильм Палестинской автономии…
Ну, и далее, в том же роде.
И вот показывают наш фильм.
Кто-то демонстративно выходит из зала еще до показа.

Я не жду победы. Но смотрю, как реагируют.
И вижу, что делает любовь с людьми.
Настроенные абсолютно анти, поначалу переговариваются полушепотом и вслух, они вдруг начинают смотреть…
Вдруг слушают… Вдруг перестают шевелиться…

Не могут оторвать взгляда, когда Маут бежит по улице,
чтобы увидеть Германа в последний раз…
И потом, когда идет вся эта концовка: она
идет по Берлину, в ожидании чуда…
Это их просто сшибает… И вот уже кто-то плачет в зале.

И я понимаю, что есть то, что объединяет всех. Есть!
И для того только я пишу, чтобы сказать это еще раз.
Любовь!
Банально, но это так.
Я говорю сейчас не о любви между нами, которая насквозь
эгоистична.
А о Любви, которая над нами. Вокруг нас.
Я говорю о Законе Любви, который держит этот несчастный мир.
Держит в прямом смысле слова, как мать.

Все мы внутри этой матери.
Нам бы захотеть только приблизиться к Ней.
Мы бы массу проблем так решили.
Поймем это, придет новая пора.

А с Маут мы большие друзья.
Она была на многих моих премьерах. И на свадьбе сына.
Давно не звонил ей. Ей уже за 80.
Написал и понял, что стосковался. Позвоню обязательно.

/ любовь
(продолжение).
о связи /

Пишу о том, что застряло в памяти. Прошло 13 лет, я могу
быть не точен. Поэтому заранее прошу простить меня.
Память, она ведь выборочна.
Речь пойдет о связи.
Мы так были связаны, вся наша съемочная группа, а я и не рассказал
об этом почти.

Лена Макарова – сценарист и друг! Я мало написал о тебе, – всего
одно предложение. А ведь это ты принесла мне дневник Маут,
ткнула меня в него, как слепого котенка в миску с молоком,
и сказала: «Ты не можешь об этом не снять». Читал. Плакал.
Спешил к тебе сказать, что никому не отдам этот фильм.
Это ты привела нас к Маут, вдохнула жизнь в сценарий, потому
что все знала об этой жизни. Без тебя ничего бы не было, Лена!

Фима Кучук, – прости, только словом упомянул о тебе, а ведь это ты
был и водителем, и «кормителем», и звукачем, и монтажером, без
тебя пропали бы мы.
Иржи, – полслова о тебе написал. Самый чувственный оператор на
свете, тонкий, интиллигентный, ранимый, ответственный, свой в
доску!… О тебе история впереди, брат!..
Сюзанна, – ты вела нас и прикрывала, как мама. Окружала нашу
маленькую команду своей заботой. Мы еще сомневались, а ты уже
знала, каким будет фильм, и вселяла уверенность. И уже понимал
я, что такого, как ты, продюсера не найду в жизни. Родного!

Я говорю здесь о связи. Без которой не было бы фильма.
Без которой я – ничто. Ноль без палочки. Пустое место.

У Маут была близкая подруга в лагере. Звали ее Зденечка.
Они вместе учились, вместе их везли в лагерь, вместе голодали, мечтали, грустили, радовались…
Только ей Маут рассказала о своей любви к Герману.
Маут показала мне групповую фотографию – маленькая, глазастая девочка сидит внизу, скромно, с краю… Зденечка.
Отправили её в Освенцим.
Навсегда.
И всё.
Казалось бы, конец истории…

Но нет.
Решаем мы с Маут, что поедем в Освенцим. Никогда она там не была.
И всегда хотела поехать. С нами ей спокойнее.
Едем.
Прибываем туда.
Музей. Со зловещей историей.
Мне говорят, можно, как в музее, ходить и разглядывать экспонаты, которые за стеклом.
А можно (за особые деньги, уже не помню, какие) сразу за витрину попасть, например, туда, где чемоданы в кучу свалены.
Увидеть их прямо, вживую. И снять реально.
Маут говорит, что, конечно, лучше к ним подойти, к чемоданам.
Платим. Ведут нас за витрину.

Идем какими-то узкими коридорами, так сейчас припоминаю, – ремонт в Освенциме. Где-то надо привстать, где-то пригнуться.
Ощущение, что ведут нас через кулисы к сцене.
Пригибаемся, выходим… прямо к чемоданам.
Горы чемоданов. Горы!.. И запах такой стоит… Запах горя.
Пробираемся через это горе…
Оператор Иржи первым.
Я за ним.
Маут за мной.

Как это случилось, не знаю. Но я смотрел под ноги, чтобы не упасть.
Везде чемоданы, проход между ними узкий…
И на ходу я чуть повернулся. И краем глаза увидел Маут…
Она стояла застывшая. Как птичка. И взгляд ее был – перед собой.
Не знаю, сколько это длилось.
Может, минуту, может, две, а может, одно мгновение…
И вот я вижу, она приподнимает голову…
Наклоняется вперед… руку вытягивает.
И кричит:
– Зде-е-е-енечка-а-а!
И только сейчас я вижу во всей чудовищной горе чемоданов,
на самом видном месте, чемоданчик Зденечки.
Так на нем и написано: «Зденечка Бергер»… и адрес.
Иржи не успевает развернуть камеру.
Кто мог это предвидеть!
Вижу, как он разворачивается на крик Маут.

Страшно медленно, так мне кажется, прямо-таки как в замедленной съемке.
– Зде-нечка-а-а-а! – кричит Маут еще раз, но уже тише. –
Зденечка-а-а…
Это Иржи успевает снять.
Маут смотрит на чемодан.
Тишина просто оглушающая.
Иржи снимает.
Он снимает сцену, которую никто не строил, не режиссировал,
потому что никто не ожидал, что так оно все выйдет.
Что из десятков тысяч, нет, сотен тысяч чемоданов, этот будет стоять
на самом видном месте. Чемодан Зденечки.
Которую сразу отправили в газовую камеру.
А чемодан остался…

Нет, не страдал я, что «профукали» сцену.
Больше волновался за Маут. Но она быстро пришла в себя.
Еще раз показала, какая она сильная.
А вот Иржи притих.
Корил себя, что пропустил этот сверх документальный кадр.

Мы потом еще долго ходили по Освенциму.
Больше молчали, там все слова лишние. И снимали.
Вышли. Едем.
Иржи по-прежнему молчит.
Останавливаем машину. Заходим в магазин.
Берем виски «Балантайнс», 0,7 л.
Снова едем.
Первой выпивает из горлышка Маут.
Выпивает и говорит: «Спасибо вам, как я вас всех люблю!»
Передаю состояние, слова точно не помню.
Пью за ней. «За тебя, Маут, говорю, за то,
что ты скрепила нас своей любовью».
Пьет Лена: «Как хорошо нам вместе, это и есть жизнь!»
Фима с выпивкой пролетает, – он водитель.
Иржи долго пьет. И плачет, так помню. «Спасибо Вам, говорит, никогда мне так хорошо не работалось. И ни с кем.
Потому что у нас настоящая связь».
Маут обнимает его.
И смеется.
Она смеется, как ребенок!..

Я говорю о связи.
И о нашей связи там, на съемках.
И о мире я говорю. Связанном воедино.
Пусть даже мы пока этого и не чувствуем.

Международная академия каббалы под руководством доктора Михаэля Лайтмана
http://www.kabacademy.com/

Крупнейший в мире учебно-образовательный интернет-ресурс, бесплатный и неограниченный источник получения достоверной информации о науке каббала.

Миллионы учеников во всем мире изучают науку каббала. Выберите удобный для вас способ обучения на сайте.

Контакты в Израиле:
тел.: 035419411
email: campuskabbalahrus@gmail.com
Facebook: https://www.facebook.com/campuskabbalah

Углубленное изучение каббалы
http://www.zoar.tv/

Каждое утро на сайте ведется прямая трансляция уроков каббалиста, д-ра Михаэля Лайтмана для всех, кто занимается углубленным, ежедневным изучением науки каббала и исследованием каббалистических первоисточников. Видеопортал Зоар.ТВ располагает уникальным контентом: фильмы, телевизионные и радиопередачи, статьи.

Интернет-магазин каббалистической книги

Все учебные материалы Международной академией каббалы основаны на оригинальных текстах каббалистов.

Израиль:
http://66books.co.il/ru/
Россия, страны СНГ и Балтии:
http://kbooks.ru
Америка, Австралия, Азия
http://www.kabbalahbooks.info
Европа, Африка, Ближний Восток
http://www.kab.co.il/books/rus

семён винокур

/ братьев своих ищи... /
сборник рассказов

Технический директор: *М. Бруштейн.*
Редакторы: *А. Ицексон, Э. Сотникова, А. Постернак.*
Верстка: *Ю. Дмитренко.*
Оформление обложки: *А. Мохин.*
Выпускающий редактор: *С. Добродуб.*

ISBN 978-965-7577-74-5
DANACODE 760-119

www.ingramcontent.com/pod-product-compliance
Lightning Source LLC
LaVergne TN
LVHW010201070526
838199LV00062B/4446